토정비결처럼 볼 수 있는
사주도표비결

토정비결처럼 볼 수 있는 사주도포비결

초판 1쇄 인쇄   2011년 05월 04일
초판 1쇄 발행   2011년 05월 11일

지은이 | 봉추선생
펴낸이 | 손형국
펴낸곳 | (주)에세이퍼블리싱
출판등록 | 2004.12.1(제315-2008-022호)
주소 | 서울특별시 강서구 방화3동 316-3 한국계량계측회관 102호
홈페이지 | www.book.co.kr
전화번호 | (02)3159-9638~40
팩스 | (02)3159-9637

ISBN 978-89-6023-581-6 03140

토정비결처럼 볼 수 있는
사주도표비결

"내 사주속에 신명팔자가 보인다."

봉추선생 지음

ESSAY

머리말

지금의 시대는 책상에 앉아 세계 각지를 둘러보는 인터넷시대다. 물질문명에 의존하여 인간의 능력은 정신과 물질의 경계선에서 물질의 능력이 앞서나가게 되는 현실을 맞이하고 있다. 세계화, 경제화, 정신화보다 경제가 가장 우선시되는 오늘날은 인간과 인간, 기업과 기업의 경쟁상태가 크게 작용하기 때문이다. 각설하고 물질문명의 발전은 정녕 어디까지인가?

인간이 가진 능력의 발전은 어디까지 한계를 둘 수 있을까?

경제가 인간의 전부인양 생각되는 현실에서 죽음을 앞둔 인간의 삶의 지표는 어디에다 목표를 삼을 것인가?

한 인간의 운명에 대해 간략하게 추명할 수 있도록 최대한 간단히 사주학 책을 만들어 본인 스스로 마치 토정비결을 보듯이 사주학을 보고 운세, 능력, 특기, 재물, 직업, 가족관계, 이성 관계 등을 판단하여 좀 더 나은 생활을 하는 데 뜻을 두는 바다.

"아는 것이 힘이다"라는 말처럼 자신의 병을 모르면 의사의 진단 여부를 판단할 수 없듯이 본인의 운명을 기본적으로 알 때에는 전문가와의 상담에서 많은 이해의 폭을 넓힐 수 있다고 보고, 모든 것이 시작과 끝이 있듯이 할 때와 하지 않을 때의 분별이 필요하다고 본다.

끝으로 이 책은 누구든지 자신의 운명을 알고자 하는 사람이 가장 기본적으로 알아야 할 사항을 간단하게 줄이고 줄인 책임을 강조하는 바다.

2011년 3월
김항오

글을 시작하며

　사주학에 조금이라도 관심이 있다면 그 사람은 자신의 운명에 대하여 생각이 깊은 사람일 것이다.
　오랜 세월 종교에 심취하여 나름대로 사주학 공부를 여러 방면으로 공부해온 결과 우리나라의 사주학은 너무 난해하고 복잡다단하여 독학이 굉장히 어렵다고 생각한다. 마치 "사주학 십 년 공부에 자기 팔자를 모른다"는 속언이 있듯이 광범위한 역학공부를 누구든지 쉽고 짧게 배우는 방법이 없을까 하고 생각하는 것도 실제로 철학원 간판을 세우고 실전 경험을 함으로써 또는 제자를 가르치면서 모든 장·단점을 파악하게 이르러 판단이 되었다. 여기에서 사주학 공부의 어려운 점은 실제로 배운 대로 실전에 쓰기가 어렵다는 현실이 있다. 그래서 많은 사람이 사주학 공부를 도중하차할 수밖에 없는 현실을 충분히 이해한다. 어떻게 하면 누구든지 사주학을 공부하는 데 기본적으로 쉽게 풀이하여 가르치거나 배울 수는 없을까 하는 마음으로 책을 출간하게 되었다.
　강조하고 싶은 것은 시대의 변천에 따라 최소한 본인 스스로 필요한 사항, 알아야 할 사항을 알아야겠다는 신념이 필요하다. 인생은 스스로 살아나가야 하는 크나큰 역사다. 이 역사에 좀 더 좋은 인생의 보람과 긍지를 가지고 있어야 한다. 그래서 운명을 학문으로 풀어 해답을 얻어야 스스로 자기 발전도 되며 정신적으로 한걸음 나아갈 수 있다고 본다.
　본인은 그래서 가장 기본이 되고 핵심이 되는 내용으로 이해하기 쉽고 간단한 책을 만들어 독자에게 조금이라도 보탬이 되고자 이 책을 출간하게 되었다.

차례

머리말__ 5
글을 시작하며__ 6

1장 스스로 사주팔자 세우는 방법　　11
사주 도표　　12
도표 요약 해설　　13

2장 사주학의 핵심　　17
간지의 기본　　18

3장 지장간(支藏干)　　27
지장간의 도표　　28
지장간의 도표 요약 해설　　29

4장 십이운성(十二運星)　　31
십이운성 도표　　32
십이운성 도표 요약해설　　33

5장 십이신살(十二神煞)　　39
십이신살 도표　　40
십이신살 도표 해설　　40

6장 십이지 띠별의 운명과 운세에 대하여　　49
십이지 띠의 신살 도표　　50
십이지 띠별 도표 운명 해설　　50
십이지 띠별 운세 해설　　53

7장 십이신살외, 흉살, 공망, 천을귀인 — 59

괴강(魁罡) 도표 — 60
괴강 도표 해설 — 60
백호대살(白虎大煞) 도표 — 61
사주일진의 백호대살 도표 해설 — 61
사주의 백호대살 — 63
공망(空亡) 도표 — 64
사주의 공망 도표 해설(공망을 일주에서 볼 때) — 64
육친의 공망(십신) — 65
천을귀인(天乙貴人) 도표 — 66
천을귀인 도표 해설 — 66

8장 사주학의 십신의 기본편 — 69

십신(十神) 음양오행과 천간의 성질, 회신·기신 도표 — 70
육신 및 천간의 성질 및 회기 해설 — 71
육친의 표출 및 통변 요약해설 — 80

9장 용신(用神) — 99

용신 도표 — 100
용신 도표 해설 — 101

10장 격국 성립과 격국의 성격, 파격에 대하여 — 105

격국 도표 — 106
격국의 설명 — 106
격국의 도표 및 해설 — 108
외격(外格) — 125
종격(약일기명격) — 129
화기격(화격) — 133
격국의 파격 — 137

11장 육십갑자의 기본 수칙 — 141
육십갑자의 도표 — 142
일주 및 일간과 월지의 해설 — 143

12장 사주학의 활용편 — 171
논명의 순서 — 172
논명을 위한 육친 — 176
육신과 육친의 관계 — 179
실제 논명 육친 판단법 — 188

13장 대자연 속의 사주학편 — 193
대자연 속의 음양오행 — 194
자연 속의 천간(天干)과 지지(地支) — 197
자연 속에서 보는 지장간(地藏干) — 200
자연 속에서 보는 십신(十神) — 201
자연으로 풀어서 해석하는 십신 — 204
사주학 종류에 대한 통변 — 215

14장 신명으로 풀어보는 사주학 — 217
육십갑자의 신명 도표 — 218
육십갑자의 신명 도표 해설 — 219
사주의 신명 비교 도표 — 228
신명 도표의 종합 요약 해설 — 230

부 록 四柱用語 — 233

11장 육십갑자의 기본 수칙   141
    육십갑자의 도표   142
    일주 및 일간과 월지의 해설   143

12장 사주학의 활용편   171
    논명의 순서   172
    논명을 위한 육친   176
    육신과 육친의 관계   179
    실제 논명 육친 판단법   188

13장 대자연 속의 사주학편   193
    대자연 속의 음양오행   194
    자연 속의 천간(天干)과 지지(地支)   197
    자연 속에서 보는 지장간(地藏干)   200
    자연 속에서 보는 십신(十神)   201
    자연으로 풀어서 해석하는 십신   204
    사주학 종류에 대한 통변   215

14장 신명으로 풀어보는 사주학   217
    육십갑자의 신명 도표   218
    육십갑자의 신명 도표 해설   219
    사주의 신명 비교 도표   228
    신명 도표의 종합 요약 해설   230

부 록   四柱用語   233

1장

스스로 사주팔자 세우는 방법

2 도표 요약 해설

(1) 연주: 양력 2월 4, 5일 매년 입춘절이다. 이 입춘절을 기준으로 하여 입춘절 이전이면 양력으로 다음해가 전년도를 기입하고, 전년도도 입춘절이 지나면 다음해도 기입한다.

(2) 월주: 갑기지년에는 병인월부터 시작한다.
을경지년에는 무인월부터 시작한다.
병신지년에는 경인월부터 시작한다.
정임지년에는 임인월부터 시작한다.
무계지년에는 갑인월부터 시작한다.

(3) 일주: 만세력에서 찾는 데 시간까지 살펴야 할 때도 있다.
※ 야자시는 자시 24:30분 전이고 명자시는 지시 24:30분에서 01:30분까지로, 일진은 다음날로 바뀌고 시지는 같다.

(4) 시주: 갑기일에는 甲子時부터 시작하여 천간을 맞춘다.
을경일에는 丙子時부터 시작하여 천간을 맞춘다.
병신일에는 戊子時부터 시작하여 천간을 맞춘다.
정임일에는 庚子時부터 시작하여 천간을 맞춘다.
무계일에는 壬子時부터 시작하여 천간을 맞춘다.

지금의 만세력은 연, 월, 일, 시까지 전부 나와 있다.
옛날에는 손가락으로 육십갑자를 집어서 사용했지만 지금의 시대는 컴퓨터 시대이기 때문에 손쉽게 사주를 세울 수 있다. 많은 이론과 경험으로 정확히 사주를 세워서 통변을 잘해야 할 것이다.

1) 대운 정하는 법

대운을 정하는 법은 먼저 양남, 음녀와 음남, 양녀를 구별해야 한다. 출생년의 천간이 양이면 양남, 양녀가 되는 것이고 출생년의 연간이 음이면 음남, 음녀가 되는 것이다.

(1) 양남, 양녀 구별

甲子	甲戌	甲申	甲午	甲辰	甲寅
丙寅	丙子	丙戌	丙申	丙午	丙辰
戊辰	戊寅	戊午	戊戌	戊申	戊子
庚午	庚辰	庚寅	庚子	庚戌	庚申
壬申	壬午	壬辰	壬寅	壬子	壬戌

(2) 음남, 음녀 구별

乙丑	乙亥	乙酉	乙未	乙巳	乙卯
丁卯	丁丑	丁亥	丁酉	丁未	丁巳
己巳	己卯	己丑	己亥	己酉	己未
辛未	辛巳	辛卯	辛丑	辛亥	辛酉
癸酉	癸未	癸巳	癸卯	癸丑	癸亥

대 운 수	만세력에 남·여 대운수가 나와 있으니 찾아서 참조

2) 요약 해설

(1) 대운은 생월의 간지를 기준으로 하여 정하는 것인데 연간이 양에 속하는 남자와 연간이 음에 속하는 여자는 월주에서 대운을 순행하고 연간이 음에 속하는 남자와 연간이 양에 속하는 여자는 월주에서 대운이 역행한다.

즉, 甲子년 丙寅월생 남자의 대운은 丁卯, 戊辰, 己巳, 庚午 순으로 순행하고 (남자가 연에 천간이 양이기 때문에) 乙丑년 戊寅월생 남자의 대운은 丁丑, 丙子, 乙亥, 甲戌으로 역행한다.(남자가 연에 천간이 음이기 때문에)

乙丑년 戊寅월생 여자의 대운은 己卯, 庚辰, 辛巳, 壬午 순으로 순행하고 (여자가 연에 천간이 음이기 때문에) 甲子년 丙寅월생 여자의 대운은 乙丑, 甲子, 癸亥 순으로 역행한다.(여자가 연에 천간이 양이기 때문에)

(2) 양년생 남자와 음년생 여자의 대운은 순행으로 가는 것이기 때문에 그 생일부터 다음에 오는 절입 날짜까지의 일수를 세어 그 수에다 3으로 나누고 나눈 수가 대운수가 된다.

(3) 음년생 남자와 양년생 여자의 대운은 역행으로 가는 것이기 때문에 그 생일부터 그전의 지나온 절입까지의 일수를 세어 그 수에다 3으로 나누고 나눈 수가 대운수가 된다.

> 대운을 적고 그 대운을 바로 맞추어 썼는지 검증할 방법이 있다. 대운의 다섯 번째 천간과 월주천간하고 합이 되고, 대운지지의 여섯 번째 지지하고 월지하고 충이 되면 그 대운은 올바르게 썼다고 검증할 수 있다.

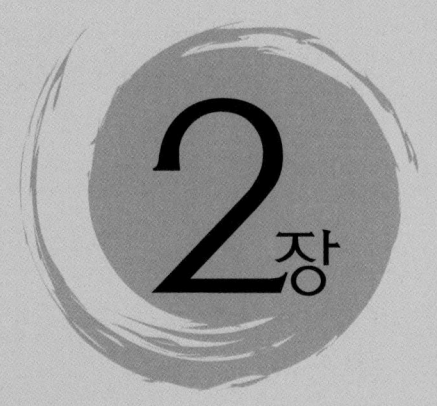

2장

사주학의 핵심

1 간지의 기본

10간(十干)에서 이루어지는 여러 가지 현상은 하늘에서 변화하는 이치가 담겨 있고 12지(十二支)에서 일어나는 갖가지 모양은 땅에서 변화하는 삼라만상의 무궁무진한 조화다. 천간은 하늘을 상징하고 정신을 뜻하며 양에 속하고, 지지는 땅에 속하고 물질을 뜻하며 음에 속한다. 그 자체에서 다시 음양오행으로 나누고 천지만물이 상생상극을 통하여 운행하는 자연의 법칙이다. 여기에서 도표로 설명하여 간추려 본다.

1) 천간 도표

천간	갑 甲	을 乙	병 丙	정 丁	무 戊	기 己	경 庚	신 辛	임 壬	계 癸
음양	양	음	양	음	양	음	양	음	양	음
오행	목(木)		화(火)		토(土)		금(金)		수(水)	
상행	목생화		화생토		토생금		금생수		수생목	
상극	목극토		화극금		토극수		금극목		수극화	
천간충	갑경충, 을신충, 병임충, 정계충									
천간극	병경극, 정신극									
천간 합화	갑기합화토 甲己合化土		을경합화금 乙庚合化金		병신합화수 丙辛合化水		정임합화목 丁壬合化木		무계합화화 戊癸合化火	
투합	己甲己(1개 양간이 2개 음간일 때)									
쟁합	甲己甲(1개 음간이 2개 양간일 때)									

2) 천간 도표의 요약 해설

① 천간: 사주팔자에 상·하를 간지라고 부른다. 일명 십간이라고

하며 연간, 월간, 일간, 시간이라 말한다.

② 음양: 우주만물은 음양으로 이루어져 있다. 음은 소멸, 축소, 쇠퇴, 어두움, 차가움, 부정, 땅, 여자 등을 대표한다. 양은 존재, 팽창, 발전, 빛, 열, 긍정, 하늘, 남자 등을 대표한다.

③ 오행: 우주만물이 오행의 기로서 상생·상극의 원리로 존재, 운행되며 오행안에도 음·양이 존재한다.

④ 오행상생: 木生火(나무는 불을 생한다.)
　　　　　　火生土(불은 흙을 덥게해서 생한다.)
　　　　　　土生金(흙은 암석을 생한다.)
　　　　　　金生水(암석에서 물이 나온다.)
　　　　　　水生木(물에서 나무를 생한다.)

⑤ 오행상극: 木克土(나무는 흙의 뿌리를 파헤친다.)
　　　　　　土克水(제방은 물을 막고 가둔다.)
　　　　　　水克火(물은 불을 꺼버린다.)
　　　　　　火克金(불은 금속을 녹여버린다.)
　　　　　　金克木(쇠는 나무를 절단한다.)

⑥ 천간충극: 충은 서로가 충돌을 일으키고, 극은 한쪽이 다른 쪽을 파괴한다는 뜻이다.

⑦ 천간합화: 천간에서 유일한 합입니다. 사주에서 천간합화여 化로는 각기의 오행이 변화되는데 화(化)가 안될수도 있다.

⑧ 투합: 천간합에서 한 남성을 두고 두 여성이 삼각관계의 사랑싸움에서 두 여자가 일으키는 형상.

⑨ 쟁합: 천간합에서 한 여성을 두고 두남성이 삼각관계의 사랑싸움에서 두 남자가 일으키는 형상.

3) 지지 도표

지지 地支	자 子	축 丑	인 寅	묘 卯	진 辰	사 巳	오 午	미 未	신 申	유 酉	술 戌	해 亥
음양 陰陽	양	음	양	음	양	음	양	음	양	음	양	음
오행 五行	수	토	목	목	토	화	화	토	금	금	토	수
지지육합 地支六合	자축합토 子丑合土		인해합목 寅亥合木		묘술합화 卯戌合火		진유합금 辰酉合金		사신합수 巳申合水		오미합 午未合	
지지충 地支沖	자오충 子午沖		축미충 丑未沖		인신충 寅申沖		묘유충 卯酉沖		진술충 辰戌沖		사해충 巳亥沖	
지지파 地支破	자유파 子酉破		축진파 丑辰破		인해파 寅亥破		묘오파 卯午破		사신파 巳申破		미술파 未戌破	
지지해 地支害	자미해 子未害		축오해 丑午害		인사해 寅巳害		묘진해 卯辰害		신해해 申亥害		유술해 酉戌害	
삼합 三合	해묘미(목국) 亥卯未木局			인오술(화국) 寅午戌火局			사유축(금국) 巳酉丑金局			신자진(수국) 申子辰水局		
방합 方合	인묘진(동방) 寅卯辰東方			사오미(남방) 巳午未南方			신유술(서방) 申酉戌西方			해자축(북방) 亥子丑北方		
삼형 三刑	인사신(지세지형) 寅巳申(持勢之刑) 寅巳, 巳申, 寅申						축술미(무은지형) 丑戌未(無恩之刑) 丑戌, 戌未, 丑未					
자형 自刑	진진 辰辰			오오 午午			유유 酉酉			해해 亥亥		
단형	자묘(子卯) 무례지형(無禮之刑)											

4) 지지의 도표 해설

(1) **지지**: 사주학에서는 寅月(1月)부터 시작하지만 시간대는 12:00인 子時부터 시작하기 때문에 子시부터 하고 子(쥐띠), 丑(소띠), 寅(범띠), 卯(토끼), 辰(용띠), 巳(뱀띠), 午(말띠), 未(양띠), 申(원숭이띠), 酉(닭띠), 戌(개띠), 亥(돼지띠)를 사주팔자에서 연지, 월지, 일지, 시지라 칭한다.

(2) **음양오행**: 지지에서 子수(양), 亥수(음), 巳화(음), 午화(양)이지만 사주학은 子수(음), 亥수(양), 巳화(양), 午화(음)으로 바뀐다. 이유는 지장간의 주천신이 다르기 때문이다.

(3) **지지육합**: 오미(午未)합은 다른 오행으로 변하지 않는다.
첫째, 땅에서 생물이 발생하여 계절은 봄에서 시작된다. 그 생물과 봄은 未가 상징으로서 子丑合土 지구이며, 지구 외에 寅亥合木해서 자연현상의 木이 생기고, 木이 성장하면 꽃이 피고 봄이 가면 여름이 온다. 여름은 火의 상징으로서 卯戌合火하여 발생하는 자연현상이 火가 된다.

(4) **지지충**: 자오(子午)충은 항상 일신이 불안정하고 타향 객지에서 오랫동안 생활함. 축미(丑未)충은 형제가 각자 다른 마음으로 재물다툼 때문에 원수가 되며 매사 자제됨이 많다. 인신(寅申)충은 다정다감한 반면에 남녀가 구설수가 많다. 묘유(卯酉)충은 친한 사람을 배신하고 직계가족을 상해하고 부부가 불화한다.
진술(辰戌)충은 매사에 경사가 인간의 고독으로 풍파부절로 고생한다.
사해(巳亥)충은 쓸데없이 남의 것을 걱정하고 모든 일이 반복이 많고 적은 것이 크게 되나 결국은 손해를 본다.

지지충 地支沖	자오충 子午沖	축미충 丑未沖	인신충 寅申沖	묘유충 卯酉沖	진술충 辰戌沖	사해충 巳亥沖

(5) **지지파**: 자유(子酉)파란 부모형제가 적이 되고 부부지간이 무정하고 자식이 불초한다.

축진(丑辰)파는 관재구설과 질병이 많고 인간의 덕이 적으면서 스스로 화를 자초한다.

인해(寅亥)파는 寅亥는 합인 동시에 파(破)가 성립되므로 파(破)의 작용이 가볍다.

묘오(卯午)파는 유흥오락에 색정으로 인해 명예가 실추하고 사업은 실패가 잦아 성공하기 어렵다.

사신(巳申)파는 巳申은 合, 刑, 破가 된다.

처음에는 합의 작용으로 인하여 거래가 시작하였으나 도중에 불화시비하여 파산 손재가 발생한다.

미술(未戌)파는 골육 상재하여 구설시비 또 주위 사람과 상호간에서 오는 배신, 시기, 질투 등이 일어난다.

(6) **지지해**: 자미(子未)해는 육친 골육 간에 불화하여 해하고 관재구설이 있으며 일마다 장애 있고 육친 간에 떨어져 생활한다.

축오(丑午)해는 남에게 지기 싫어하며 골육 간에는 서로 해하며 부부간에도 불화한다.

인사(寅巳)해는 인사는 형(刑)이면서 해(害)한다. 시비구설, 관형액, 모략중상 등이 자주 발생한다.

신해(申亥)해는 교통사고를 조심하고 남과 희비가 교차되는 일이 많아진다.

유술(酉戌)해는 신(神)이 뜻을 가지고 사업하면 좋고 사람에게 베풀면 덕이 없고 공도 없다.

(7) 삼합: 합의 종류는 여러 가지가 있으나 그중 가장 큰 합을 나타낼 수 있는 것은 삼합인데, 이 삼합의 변화는 무궁한 이치가 담겨 있어서 삼합을 하여서 변화하는 그 육신은 커다란 역할을 할 수 있다. 예를 들면 삼합이 되어서 재생이 되면 재물을 육성하고 관성이 되면 관성을 육성하는 것이 틀림이 없을 것이다. 삼합에서 두 개씩 합치면 반합으로도 사용된다.(즉 亥卯, 卯未, 亥未)

① 亥卯未(木局)에 또 卯가 있으면 골육이 객사하거나 재화를 당할 수 있다.
亥卯未(木局)에 천간에 癸가 있으면 타인의 양육이나 자신이 양자로 갈 수 있다.

② 寅午戌(火局)에 또 午가 있으면 골육이 객사하거나 재화를 당할 수 있다.
寅午戌(火局)에 천간에 乙이 있으면 타인의 양육이나 자신이 양자로 갈 수 있다.

③ 巳酉丑(金局)에 또 酉가 있으면 골육이 객사하거나 재화를 당할 수 있다.
巳酉丑(金局)에 천간에 己가 있으면 타인의 양육이나 자신이 양자로 갈 수 있다.

④ 申子辰(水局)에 또 子가 있으면 골육이 객사하거나 재화를 당할 수 있다.
申子辰(水局)에 사주 천간에 辛이 있으면 타인이 양육이나 자신이 양자로 갈 수 있다.

(8) 방합: 寅卯辰이 모여서 東方木을 이루고 巳午未가 南方火, 申酉戌이 酉方金을 亥子丑이 北方水을 이룬다. 방을 이루면 그 역량이 삼합국보다 강하다. 그러나 월지가 반드시 포함되어야 하고 또한 3개가 모두 구비되어야 한다. 이것이 국과 방의 차이점이다. 다시 말해서 삼합국은 3개 중에 제왕이 하나 있고 나머지는 하나만 있으면 반국을 이루지만 방이라는 것은 반쪽짜리가 없다. 방이라는 것은 오행의 기세가 완전히 한 곳으로 편중된 것이다. 따라서 3개가 완전히 갖추어야 방을 이루어 위력을 발휘할 수 있는 것이다.

(9) 삼형: 일명 삼형살(三形殺)이라고 한다. 이 살이 생왕(生旺)하는 사람은 부모가 일찍 죽어 사별하거나 아니면 일별하는 수도 있고 성장했어도 관재나 관액을 많이 경험하고 형무소에 가는 사람도 있으며 삼형살이 있는 사람은 특히 법학자나 변호사, 검사, 교사, 의사, 약사 직업을 갖는 사람이 많다. 왜냐하면 남을 구속하든지 내가 도리어 구속당하게 되는 이치이며 무엇이든지 마구 끊어 버린다는 의미가 있기 때문에 식육점, 양복점, 이발사, 미용사 등의 직업을 갖는다고 한다.

① 인사신(寅巳申)
이 형이 있는 자는 자신의 힘을 믿고 나가다 좌절하며 12운성 가운데 장생, 건록, 제왕 등 길성과 같이 있으면 만사가 형통하나 사나절의 흉성이 같이 있으면 교활, 비굴, 재액을 만나기 쉽다. 또 이 살이 있는 남자는 교만하고 여자는 매우 고독하게 된다.

② 축술미(丑戌未)
이 형이 있는 자는 성격이 냉정하고 은인과 친구를 해치며 12운성 가운데 사·절의 흉성이 되면 은혜를 원수로 갚고 부정한 일을 예사로 저지른다. 그러나 여자는 이 형이 있으면 임신 중 유산이나 수술

혈증이 있어 곤란을 당할 때가 있다.

③ 인사(寅巳)
관재, 소송, 시비, 배신, 형액, 구설, 수술 등이 발생한다.

④ 사신(巳申)
형충에 합이 있어 처음에 유정하나 시간이 지남에 따라 사랑이 미움으로 변하여 시비불화가 발생한다.

⑤ 인신(寅申)
부지런하고 건설적이고 활동보다는 수입이 적고 지출이 많다.

⑥ 축술(丑戌)
동기간 쟁투, 부부간의 불화 주객이 다툼이 일어난다.

⑦ 술미(戌未)
관재 구설이 많고 자기의 세력만 믿다가 나빠지게 된다.

⑧ 축미(丑未)
자기의 위신과 자기의 배경을 믿고 나가다가 실패하는 수가 많다.

(10) **자형**: 서로 형(刑)하는 것이니 서로 상(像)하는 결과가 된다.
① 辰辰: 형제간에 우애가 없고 사회에 적응을 못하고 고독해지는 운명이며 화개이므로 봉사와 적선을 많이 해야 한다.
② 午午: 눈이 나쁘고 배우자와 인연이 약해지며 자식이 불화하고 관재, 구설이 많다.
③ 酉酉: 금기(金氣)가 왕(旺)하기 때문에 사물의 성장을 강압, 억제하므로 살의 기를 가지고 있다.
④ 亥亥: 자기가 잘못하여 고생을 하고 남에게 인덕이 없고 고독하

게 지내는 팔자이다.

(11) 단형: 이 형(刑)이 있는 자는 예절에 벗어나고 질서 없는 행동을 하며 성질은 횡폭하고 따뜻한 분위기는 조금도 없으며 타인에게 불쾌감을 준다. 흉성이 있으면 육친을 해(害)하는 흉조가 있으며 철면피의 인생과 같다.

이 형은 무례지형이며 자묘형의 자는 묘의 인성이다. 인성은 어머니를 뜻하는데 자식의 묘가 刑을 하는 형상이다.

3장

지장간(支藏干)

1 지장간의 도표

지장간은 천간과 지지의 관계를 규명한 이론이다.

지지 속에는 천간의 기운이 저장되어 있는데 그 지장간이 천간에 나온 것을 지지 속의 인원을 투출했다고 한다. 지장간을 공부하는 이천간과 지지관계를 알아야 사주풀이를 할 수 있기 때문이다.

이제 각각의 지지 속에 어떤 천간이 저장되어 있는지 도표로 설명하기로 한다.

	여기(餘氣)	중기(中氣)	정기(正氣)
인(寅)	戊(7일)	丙(7일)	甲(16일)
묘(卯)	甲(10일)		乙(20일)
진(辰)	乙(9일)	癸(3일)	戊(18일)
사(巳)	戊(7일)	庚(7일)	丙(16일)
오(午)	丙(10일)	己(11일)	丁(10일)
미(未)	丁(9일)	乙(3일)	己(18일)
신(申)	戊(7일)	壬(7일)	庚(16일)
유(酉)	庚(10일)		辛(20일)
술(戌)	辛(9일)	丁(3일)	戊(16일)
해(亥)	戊(7일)	甲(7일)	壬(16일)
자(子)	壬(10일)		癸(20일)
축(丑)	癸(9일)	辛(3일)	己(18일)

2 지장간의 도표 요약 해설

1) 子(水): 자는 지지에서 양이다. 그러나 자의 지장간 계수는 음이다. 지지는 체이고 지장간은 용이다. 그러므로 자수는 음이다.

2) 亥(水): 해는 지지에서 음이다. 그러나 해의 지장간 임수는 양이다. 지지는 체이고 지장간은 용이다. 그러므로 해수는 양이다.

3) 午(火): 오는 지지에서 양이다. 그러나 오의 지장간 정화는 음이다. 지지는 체이고 지장간은 용이다. 그러므로 오화는 음이다.

4) 巳(火): 사는 지지에서 음이다. 그러나 사의 지장간 병화는 양이다. 지지는 체이고 지장간은 용이다. 그러므로 사화는 양이다.

용(用)이란 무엇이며 어떻게 응용되며 어째서 중요한가? 이것은 인원용사(人元用事)라는 단어에서 나온 것이다. 천지간에 만물 가운데서 조화를 부리는 것이 사람이다. 그러므로 천간을 천원, 지지를 지원, 지장간을 인원으로 삼재 가운데 지장간 인원을 용으로 하는 것이다.

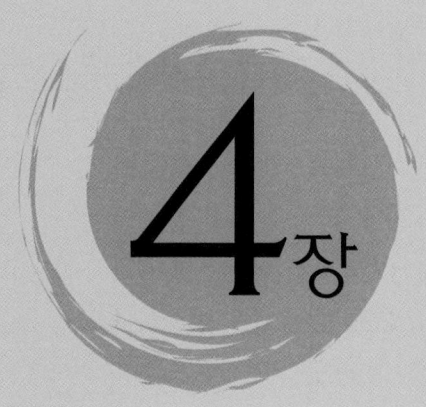

4장

십이운성(十二運星)

1 십이운성 도표

사주학에서는 사물의 발전, 변화가 12가지의 단계를 거쳐서 발생, 성장, 소멸한다고 본다. 존재하는 모든 것은 12가지 과정을 거쳐서 존재했다가 없어진다고 보는 사주학의 입장을 정리한 것이 십이운성이다.

무에서 유가 생겨나는 과정을 생이라고 하며, 생긴 존재가 성장하여 극에 이른 것을 왕이라고 하며, 왕성한 것이 점차 힘을 잃는 것을 쇠라고 하며, 쇠퇴하다가 결국 사라져 버리는 것을 절이라고 한다. 물론 생왕쇠절은 사주학의 용어다.

이제 아래 도표로 설명을 하고자 한다.

	甲	乙	丙	丁	戊	己	庚	辛	壬	癸
장생(長生)	亥	午	寅	酉	寅	酉	巳	子	申	卯
목욕(沐浴)	子	巳	卯	申	卯	申	午	亥	酉	寅
관대(冠帶)	丑	辰	辰	未	辰	未	未	戌	戌	丑
건록(建祿)	寅	卯	巳	午	巳	午	申	酉	亥	子
제왕(帝旺)	卯	寅	午	巳	午	巳	酉	申	子	亥
쇠(衰)	辰	丑	未	辰	未	辰	戌	未	丑	戌
병(病)	巳	子	申	卯	申	卯	亥	午	寅	酉
사(死)	午	亥	酉	寅	酉	寅	子	巳	卯	申
묘(墓)	未	戌	戌	丑	戌	丑	丑	辰	辰	未
절(絕)	申	酉	亥	子	亥	子	寅	卯	巳	午
태(胎)	酉	申	子	亥	子	亥	卯	寅	午	巳
양(養)	戌	未	丑	戌	丑	戌	辰	丑	未	辰

2 십이운성 도표 요약해설

1) 장생: 온전하며 영민하고 복록이 증진하며 사회적으로 발달하고 최고 성장하는 과정이라 할 수 있다. 지혜가 심원하여 만사에 처세를 원만히 하고 예술 기능과 창의력의 사회적인 능력이 풍부하여 성공률이 빠르다는 것이다.

> ➜ **사주와 장생의 관계**
> 연주: 조상, 부모 덕이 좋고 의식주가 넉넉하며 초년에 길운이 온다.
> 월주: 부모형제 덕이 좋고 인덕이 있으며 중년부터 발전한다.
> 일주: 부부 운이 좋으며 부모형제와 화목하고 장수하는 운도 좋다.
> 시주: 자녀가 효도를 하며 귀한 자식도 둔다.

2) 목욕: 이성문제의 색정관계나 허영과 화려한 생활을 좋아하고 간혹 도취되어 저축보다 지출이 많아 재산의 관리와 낭비, 주색, 방탕 등으로 실패와 좌절을 당하게 된다.

> ➜ **사주와 목욕의 관계**
> 연주: 조상과 부모 대에 실패가 있었고 부부도 이별 수가 있다.
> 월주: 부부 인연이 바뀔 수도 있고 항상 이성 관계를 조심해야 한다.
> 일주: 부모와의 인연이 없어서 이별 수가 있고 타향살이를 하게 된다.
> 시주: 자식과의 인연이 박하여 말년에 고독하게 지낸다.

3) 관대: 자존심이 강하여 자기 의사대로 생각하는 뜻이 있어 타인의 행동에 대해 비판적이며 일의 정상화에 대하여 판단함으로써 타인과 더불어 적대시하는 경향이 많다.

> ➜ **사주와 관대의 관계**
> 연주: 중년에 부부 운이 바뀔 수 있는 악운이나, 노년기에는 행복의 길을 걷는다.
> 월주: 사회적으로는 잘되지만 가정적으로는 화목하지 못한 일이 있다.
> 일주: 자녀가 총명하고 영리하여 부부 인연이 좋고 말년에 행복이 찾아올 수 있다.
> 시주: 자식이 크게 되어 명성을 떨치고 자신도 이에 대응하여 편안함을 얻는다. 재능이 뛰어나고 인망도 얻는다.

4) 건록: 자존심이 강대하여 교제에 소홀하고 모든 일에 치밀하여 책임 위주로 생활하며 명예와 체면을 소중히 여기며 부정을 싫어하고 공평하고 원칙적인 것을 좋아하며 자기 마음에 들면 좋게 생각하고 자기에게 잘못 보이면 딱 잘라 말하며 다시 쳐다보지 않는 성질이 있다.

> ➜ **사주와 건록의 관계**
> 연주: 말년에도 행복하고 편안하지만 초년에도 순탄한 가정을 갖는다.
> 월주: 부모가 성공하여 유산을 받을 수 있고 자신은 중년에 발전한다.
> 일주: 집안에 가품을 물려받을 수 있고 재물이 있으면 처가 흉하게 되고 재물이 없으면 처가 장수하게 된다.
> 시주: 자녀가 입신출세하게 되며 노년기에도 행복하게 생활한다.

5) 제왕: 어떠한 간섭이나 지배도 받지 않고 투기와 요행을 바라며, 일확횡재의 꿈을 항상 가지고 있으며, 적은 것은 눈에 차지 않고, 큰 것만 노리고 마음은 안과 밖이 달라 이중인격자요, 강왕한 기세를 뚫고 나갈 돌파구를 찾아서 독선을 자초하다가 괴로움을 당한다.

> ➜ **사주와 제왕의 관계**
> 연주: 선조가 부자이거나 고관대작이며 자기는 자신감이 많다.
> 월주: 모든 일에 앞장서고 수완과 역량이 뛰어나다.
> 일주: 지나치게 강한 성격으로 인해 흉함이 있을 수 있으며 타향살이를 하게 될 수도 있다.
> 시주: 자녀가 가문을 빛내거나 혹 실자하든지 질병으로 고생할 수 있다.

6) 쇠: 기운이 쇠약하여 거창한 것을 좋아하지도 않고 조용한 분위기를 좋아한다. 생가를 떠난 타향에서 고생하는 일이 많고 대체로 자기 부친 때보다 못살고 허덕이며 불시의 재액을 받을 때가 있다.

> ➜ **사주와 쇠의 관계**
> 연주: 본인의 말년 운이 불길하고 부모 덕이 없다.
> 월주: 마음이 약하여 타인으로 인해 피해를 입을 수 있으니 조심해야 한다.
> 일주: 부모 운이 없어서 타향살이하며 배우자 운도 좋지 못하다.
> 시주: 자녀 복이 없고 말년 운이 좋지 않아 쓸쓸하게 지낸다.

7) 병: 소년 시절부터 몸이 약하며 부모와 생사이별 수가 있으며 항상 공상이 많고 무력과도 하여 끈기가 결핍되어 있다. 어린 시절에 크게 아파본 경험이 있고 성장 후에도 배우자와 인연이 박약하여 재혼하는 수가 많다.

> ➜ 사주와 병의 관계
> 연주: 부모가 병약하거나 자신이 초년에 질병으로 고생한다.
> 월주: 마음은 온순해도 중년부터 운기가 약해 건강이 나쁘다.
> 일주: 부부운도 좋지 않아 이별이 있으면 질병으로 고생할 수 있다.
> 시주: 자손 인연이 없고 자녀가 질병으로 고생할 수 있다.

8) 사: 남보다 앞에서기를 싫어하며 활발성이 결여되는 수가 있고 때로는 남의 빈축을 사는 일도 있으며 사업성은 기가 약하다고 볼 수 있다.

> ➜ 사주와 사의 관계
> 연주: 부모와 인연이 박하여 곁을 떠나 타향살이한다.
> 월주: 형제 덕은 없으나 머리가 좋고 활동성이 부족하다.
> 일주: 어릴 때 질병으로 고생해서 부부운도 좋지 않다.
> 시주: 자녀 운이 박약하여 있어도 괴로움이 뒤따른다.

9) 묘: 부모형제에게 인연이 없고 부모와 이별하며 거주가 정확하지 않고 사회적으로 부실하다. 가난한 집에 출생한 자는 중년 이후에 개발되고, 부잣집에 출생한 자는 중년 이후에 쇠약하다. 항상 마음에 걱정, 근심, 괴로움이 떠나지 않고 부부 인연도 박하다.

> ➜ **사주와 묘의 관계**
> 연주: 고향을 떠나지 않고 집을 지키며 조상 봉사에 힘쓰는 수가 많다.
> 월주: 부모 형제 외 배우자 인연이 박하고 타인으로 인해 손해를 본다.
> 일주: 부모 덕이 없어 타향살이하며 중년 이후부터 발전이 있게 된다.
> 시주: 자녀 운도 나쁘고 말년에 외롭게 지낸다.

10) 절: 지극히 음적인 상태이고 밖에서 받는 충동에 흔들리기 쉽다. 그러므로 인정에 끌리는 누구에게나 반항하지 못하고 여자는 남자가 거짓 사랑하는 말에 속아 넘어가는 수가 많다.

> ➜ **사주와 절의 관계**
> 연주: 조상음덕이 부족하여 어린 시절 고생이 많고 타향살이하게 된다.
> 월주: 부모형제 인연이 없어 성장과정에서 고생이 많다.
> 일주: 신상이 불안하고 부모형제가 함께 살지 못하며 이성 관계가 복잡하므로 부부불화가 많다.
> 시주: 자식이 처음에는 똑똑해도 나중에는 속을 썩여 근심이 많다.

11) 태: 양육과 보호를 받는 상태에서 앞날에 희망과 발전을 꿈꾸는 형태며, 의지심이 있으며 동정 받는 것을 좋아하며 색정문제를 일으킨다.

> **→ 사주와 태의 관계**
> 연주: 자신은 유년시절 고생이 많고 늙어서는 가족 때문에 고민이 많다.
> 월주: 운기가 약해서 자신이 대성하기 어렵고 매사 힘들게 하는 수가 있다.
> 일주: 부부 운이 좋지 않아 자식 때문에 고생한다.
> 시주: 자식이 가업을 이어받지 못하고 아들보다 딸이 많게 된다.

12) 양: 사람이 봉사적이며 어려움을 당하면 괴로워하고 뒤로 물러나게 된다. 마음이 착실한 반면 낙천적이고 앞에서 리드하기에는 불만족하다. 양자나 양육을 뜻하며 장자로 태어나는 사람이 많고 차남으로 출생하여도 그 형을 사별하거나 타가에 양자로 가서도 장남 구실을 하게 된다.

> **→ 사주와 양의 관계**
> 연주: 장남인 경우가 많고 일찍 분가하여 독립생활을 한다.
> 월주: 어릴 때부터 타향살이하게 되며 여자로 인해 패가망신할 수 있다.
> 일주: 생모와의 인연이 박하고 남자는 여자를 조심하고 여자는 좋은 남편과 귀한 자식을 둘 수 있다.
> 시주: 자녀는 무(無)자인 사람도 있고 설혹 인연이 있어도 별거할 수 있다.

5장

십이신살(十二神煞)

1 십이신살 도표

십이신살 삼합	겁살	재살	천살	지살	연살	월살	망신살	장성	반안	역마	육해	화개
申子辰	巳	午	未	申	酉	戌	亥	子	丑	寅	卯	辰
寅午戌	亥	子	丑	寅	卯	辰	巳	午	未	申	酉	戌
巳酉丑	寅	卯	辰	巳	午	未	申	酉	戌	亥	子	丑
亥卯未	申	酉	戌	亥	子	丑	寅	卯	辰	巳	午	未

2 십이신살 도표 해설

1) 겁살(劫煞)

겁살은 외부로부터 겁탈을 당한다는 뜻이고, 행위가 선량하다 해도 결과는 졸렬하여 재화가 많을 것이며 파재, 비명횡사, 교통사고, 돌발사고, 관재수설, 강제차압, 강탈 등 강제성이 발생하여 몸이 아프거나 수술 등이 있는 흉살이다.

> ➜ 사주와 겁살
> ① 연주에 겁살이 있으면 조업을 계승하기 힘들고 타향 객지에서 살게 되며 선대 조는 좋지 않은 비명횡사가 있을 것이다.
> ② 월주에 겁살이 있으면 조실부모하고 형제간에 우애가 없으며 부모형제, 친척간에 불구, 단명, 흉사에 조심해야 한다.
> ③ 일주에 겁살이 있으면 부부지간에 이별 수가 있고 남자는 다른 여자를 둘 수 있고 본인은 질병으로 고생한다.
> ④ 시주에 겁살이 있으면 자식에게 단명, 방탕, 질병 등으로 흉사가 있고 자식 두기가 어렵다.

2) 재살(災煞)

재살은 일명 '수옥살'이라고 한다. 어느 곳에 갇혀 있다는 뜻으로 은둔, 감금, 제약, 감시가 따르고 생명에 명예를 걸고 최고의 실권을 주도하는 상호간의 싸움도 되고 서로가 횡사를 주도하는 살성이라 한다.

→ **사주의 재살**
① 연주에 재살이 있으면 관재구설이 따르고 각종 질병이 자주 있으며 조부모가 급질, 횡사, 질병으로 사망한다.
② 월주에 재살이 있으면 관액과 실물 수가 자주 있고 부모형제가 비명횡사, 흉사 아니면 객사할 수 있다.
③ 일주에 재살이 있으면 일평생 불안전하고 파란곡절이 많고 부부지간에 흉사, 횡사, 질병이 따르며 혈관사도 두렵다.
④ 일주에 재살이 있으면 자식이 많다 해도 자식 덕이 부족하고 비명횡사와 혈관사가 두렵다. 하지만 자식 중에 재살이 있는 자식에게는 말년에 동정을 받거나 부양받을 수 있다.

3) 천살(天煞)

천살은 불시에 재난과 화근이 닥치고 천재지변을 당할 수 있는 살로서 죽음과 눈물의 슬픔, 가뭄이나 홍수의 피해, 돌발사고, 태풍의 피해, 전기나 벼락의 피해, 각종 급병, 질환 등이 일어나는 살이다.

→ **사주의 천살**
① 연주에 천살이 있으면 타향 객지에서 고생하며 모든 일이 아주 반복되고 선대조에 비명횡사, 천재지변을 겪는다.
② 월주에 천살이 있으면 부모형제 덕이 없고 부모는 급질, 괴질, 각종 질환으로 비명횡사 등으로 위태하다.
③ 일주에 천살이 있으면 부부의 인연은 견우 직녀의 형상이요 부부의 죽음은 비명횡사할 수 있다.
④ 시주에 천살이 있으면 자식은 효도한다 할지라도 자식의 죽음은 감옥형액이 있을 수 있다. 자식 중에 천살에 해당되는 자식한테는 사업자금이나 투자를

하면 안 되는 살이다. 그 자식이 다 들어먹거나 망치는 수가 많을 것이다.

4) 지살(地煞)

지살은 땅을 움직여 변화를 주는 살로서 매우 활동적이라 볼 수 있다. 이사, 변동, 변업, 해외여행, 해외이민, 타향객지 하거나 직장변동, 가정변동, 차량변동, 운수업이 발생한다.

➜ **사주의 지살**
① 연주에 지살이 있으면 고향을 이별하고 타향에서 살게 되며 선대조의 죽음은 필히 객사할 운명이라고 본다.
② 월주에 지살이 있으면 조업은 승계받기 어렵고 타향에서 자수성가할 운명이요 부모형제는 객사고가 있게 된다.
③ 일주에 지살이 있으면 동서로 이동하고 주말부부가 될 수 있고 자주 떨어져 있어 부부의 정이 반감되고 부부이별 수도 있다.
④ 시주에 지살이 있으면 사방에 먹을 것이 많으며 애지중지 기른 자식이라도 타향객사 할 수 있다. 지살에 해당되는 자식이 있다면 같이 살지 못하고 타국이나 타향에서 생활하게 되고 어린 시절에도 자기 거처를 따로 마련하는 자식이 될 수 있다.

5) 연살(年煞)

연살은 일명 '도화살'이라 한다. 연살은 화려한 색에 민감하고 예민하여 아름다움을 좋아하고 이성간에 성욕, 쾌락, 감정을 바탕으로 민감하게 반응하고 결혼생활도 다소 문제가 있는 살이다.

➜ **사주의 연살**
① 연주에 도화살이 있으면 담 안의 도화라 하여 부부 애정이 다정해도 이성이 자꾸 꼬이므로 선대조는 도화병으로 사망할 수 있다.

② 월주에 도화살이 있으면 담 안의 도화라 부부지간에 이성으로 인한 불상사가 많고 부부 불화 등 만사가 불길하다.
③ 일주에 도화살이 있으면 담 밖의 도화라 부부지간에 이성으로 인한 불상사가 많고 부부 불화 등 만사가 불길하다.
④ 시주에 도화살이 있으면 담 밖의 도화라 하여 자손이 화류계나 화류업에 종사하기 쉽고 이성문제로 속을 썩일 수가 있다. 또한 자식 중에 도화살이 있으면 그 자식은 나를 위해 일을 해주고 끈기 있게 궂은일도 마다하지 않고 해주는 자식임이 틀림없다.

6) 월살(月煞)

월살은 정기를 저장해둔 창고를 파괴하여 자원, 자본을 고갈하게 하는 작용을 나타내는데 각종 기능마비, 소아마비, 하체마비, 사업부진, 자금고갈, 종교상 분쟁, 종교소송 등의 사건을 발생시키는 살이다.

→ **사주의 월살**
① 연주에 월살이 있으면 집안의 살림을 알뜰살뜰하게 부지런히 하여도 되는 일이 거의 없고 선대조는 굶주린 경우가 많다.
② 월주에 월살이 있으면 이쪽저쪽으로 머리를 써도 되는 일이 거의 없고 모든 일에 막힘이 많고 부모형제는 걸인의 죽음이다.
③ 일주에 월살이 있으면 부지런하고 모든 것을 잘하여도 공덕이 없고 부부지간도 같이 있으면 부딪쳐서 견우직녀의 형상이다.
④ 시주에 월살이 있으면 효자 자식은 없고 자식의 근심, 걱정으로 속을 다 태운다. 자식이 객사에 죽음을 맞이할 수도 있다. 또한 월살을 가지고 나온 자식은 집안을 개운하고 집안이 잘 풀려 가는 자식이 된다고 본다.

7) 망신살(亡身煞)

망신살은 안에서 잃은 것과 내부의 비밀이 폭로되는 것이 반드시 내부에서 작용이 일어나는 것이다. 육친 간에 생사이별, 도난, 사업, 실패, 사기, 명예실추, 재물손실 등의 작용이고 신체적으로는 정기를 설기시켜서 우울증, 병약, 악질을 가져올 수 있다.

> ➜ 사주의 망신살
> ① 연주에 망신살이 있으면 일찍이 고향을 떠나 타향에서 고생하며 선대의 유업은 광풍에 몰락하고 객사하기 쉽다.
> ② 월주에 망신살이 있으면 부모형제의 명예가 실추되는 일이 발생하고 여러 가지 안 좋은 일이 일어나서 불안하게 생활할 수도 있다.
> ③ 일주에 망신살이 있으면 부부간에 믿음이 결여되고 서로가 불신으로 부부이별 수도 있고 주위에서 손가락질 받을 일이 발생한다.
> ④ 시주에 망신살이 있으면 말년에 한탄과 낯부끄러운 일이 발생한다. 또한 자식 중에 망신살에 해당하는 자식이 있으면 그 자식으로 인해 여러 가지 좋지 않은 일이 발생한다.

8) 장성(將星)

장성이란 용맹심이 왕성하여 과감한 뜻이 있고 무슨 일이든 진취적으로 임하며 인내와 끈기로 능히 어려움을 돌파하여 업무를 성공적으로 이끈다. 사법경찰관 또는 군인이 되면 양명하는 덕을 갖게 되어 발전, 승진, 명예, 권력, 건강, 이익, 납품 등의 좋은 일이 일어나는 길성이다.

> ➜ 사주학의 장성
> ① 연주에 장성이 있으면 권리를 손에 잡고 만인을 통솔하나 선대조상은 전사함이 분명하다.
> ② 월주에 장성이 있으면 문무가 뛰어나고 손에 병권을 쥐고 권력을 잡을 수 있고 부모형제는 전쟁터에서 총사했다.
> ③ 일주에 장성이 있으면 비록 명예가 있다 하여도 흉중에 근심이 있고 부부지간에 뜻이 안 맞아 별거, 이별 수가 있다.
> ④ 시주에 장성이 있으면 대인은 복을 더할 것이요 소인은 길할 것이고 자식은 나라에 충성하리라. 또한 자식 중에 장성에 해당되는 자식이 있으면 가정에나 모든 면에서 일이 잘 풀려나가는 일이 많을 것이다.

9) 반안(攀按)

반안살은 상인은 수익이 있고 월급자는 승진하며 학생은 진학길이 열리고 일반인은 집안이 편안하며 운세로 볼 때는 길운이 오기 때문에 길성이라고 본다.

> ➜ **사주의 반안살**
> ① 연주에 반안살이 있으면 조상과 부모의 덕으로 일평생 영화를 누리며 선대조의 덕이 있다.
> ② 월주에 반안살이 있으면 도처에 이름이 드날리며 관운이 많고 부모형제와 안락하고 화목하다.
> ③ 일주에 반안살이 있으면 부자도 아니요, 가난하지도 않으니 부부지간 백년안락의 가약이 있다.
> ④ 시주에 반안살이 있으면 앞뒤로 처와 첩이니 자식이 많은 격이라 말년에 화목 편안하거나 또한 자식 중에 반안살에 해당하는 자식에게는 모든 것을 의논하면 의외로 일이 잘 풀려 나갈 수 있는 믿을 수 있는 자식이 된다.

10) 역마(驛馬)

역마살은 '이동살'이라고 한다. 원행, 출행, 이사, 이동 등으로 보다 많이 움직이고 변동이 많은 것이다. 국내는 물론 외국까지 왕래하면서 모든 것을 행동으로 화한 것이다.

> ➜ **사주의 역마**
> ① 연주에 역마살이 있으면 고향 땅을 이별하고 타향 땅에서 살 팔자이며 선대조의 죽음도 객사가 많을 것이다.
> ② 월주에 역마살이 있으면 동서로 모두 내 집이며 사업으로 득재를 할 수 있고 부모형제 중에 객사의 죽음도 있다.
> ③ 일주에 역마살이 있으면 많은 이동과 출행으로 부부의 연은 약하고 멀리 외국에 나가 있거나 주말부부도 될 수 있다.
> ④ 시주에 역마살이 있으면 자손이 해외이민, 해외여행이나 해외직장 때문에 장기 거주자가 될 수도 있다. 자식 중에 역마살에 해당되는 자식을 키우기는 힘들고 어렵지만 나중에 가문을 일으키는 인물이 될 것이다.

11) 육해(六害)

육해살은 여섯 가지 해로운 살을 말한다. 일평생 질병으로 신음하거나 일생일대가 절음발이 운로로 흐른다고 보며 구병이 발생하여 급성 질병이 일어나고 모든 일이 막히고 제반사에 신음하거나 어려운 일에 부딪치거나 화재, 수재, 도난사고, 관액사건이 많이 발생할 수 있다. 일은 분주하지만 다성 다패가 많다.

➜ **사주의 육해살**
① 연주에 육해살이 있으면 양자로 입양될 팔자이며 선대에는 신앙을 경시하여 신앙의 벌을 받아 사망할 수 있다.
② 월주에 육해살이 있으면 타인으로 인하여 해를 입으며 골육의 정이 없으며 조용한 것을 좋아하고 신앙으로 중생 제도할 팔자이다.
③ 일주에 육해살이 있으면 중이 되지 않으면 무당, 박수나 보살이 될 팔자요 종교계에 종사하거나 부부지간에 산을 두고 살 팔자이다.
④ 시주에 육해살이 있으면 자손들이 종교계에 투신하거나 종교하고 연관된 일을 많이 할 것이며 말년에 행운과 기운이 번창한다. 또한 자식 중에 육해살에 해당되는 자식은 자기가 죽을 때에 반드시 임종을 지켜보는 자식임에 틀림없다.

12) 화개(華盖)

화개살은 물건을 겨울 동안 저장하였다가 봄에 다시 꺼내어 쓰는 것과 같이 저장창고와 같은 것이다. 또 일확천금의 기회를 노리다가 수렁에 빠지는 수도 있게 되는데 문화, 예술, 신앙의 성공, 사찰, 교회, 미술, 수도원, 무도장, 기원 등 부동산 관계의 일이 발생할 것이다.

➜ **사주의 화개살**
① 연주에 화개살이 있으면 조상의 가업을 이어가지 못하고 일찍이 타향살이를 하게 되며 집안형편이 곤고하게 된다.
② 월주에 화개살이 있으면 형제궁에 덕이 없으며 차남이라도 장남 행세를 하여 가문을 빛내야 한다.

③ 일주에 화개살이 있으면 본처와 이별하고 선대조는 불도의 집안이요 승려나 보살이 된 조상이 있을 것이다.
④ 시주에 화개살이 있으면 중년 이후에는 경영하는 바가 성공적으로 이루어질것이요 도처에 명성이 있다. 또한 자녀 중에 화개살이 있는 자녀가 있다면 부부 별거, 부부 싸움에 다시 화해하고 재회하는 역할을 하는 자녀가 됨에 틀림이 없다.

→ **각종 신살을 쉽게 암기하는 방법**
역마는 삼합국의 첫 자와 충하는 지지다.
도화는 삼합국의 첫째 자이자 다음 번째 자이다.
십간록은 일간의 건록 지지다.
화개살은 삼합국 끝 자이다.
장성은 삼합국의 가운데 자이다.
지살은 삼합국 첫째 자이다.
겁살은 삼합국 끝 자이자 다음 자이다.
망신살은 겁살을 충하는 자이다.
양인은 일간이 건록의 다음 자이다.
괴강살인 경진, 결술, 임진, 무술은 경경임무에 진술진술이다.
공망은 육십갑자의 각순의 최후 지지의 그다음 두 글자이다.

6장

십이지 띠별의 운명과 운세에 대하여

1 십이지 띠의 신살 도표

삼합 \ 십이신살	겁살	재살	천살	지살	연살	월살	망신	장성	반안	역마	육해	화개
원숭이·쥐·용	뱀	말	양	원숭이	닭	개	돼지	쥐	소	범	토끼	용
범·말·개	돼지	쥐	소	범	토끼	용	뱀	말	양	원숭이	닭	개
뱀·닭·소	범	토끼	용	뱀	말	양	원숭이	닭	개	돼지	쥐	소
돼지·토끼·양	원숭이	닭	개	돼지	쥐	소	범	토끼	용	뱀	말	양

2 십이지 띠별 도표 운명 해설

1) 원숭이띠·쥐띠·용띠의 겁살에 해당되는 뱀띠 생은?

① 뱀띠 생 자녀를 출산하면 가산이 탕진되고 몰락될 수 있다.
② 자녀가 뱀띠 생의 장녀면 그 아래로 딸만 둘 수 있고 장남이면 그 아래로 남동생을 둘 수 없다.
③ 뱀띠 생 자녀는 병약하거나 방탕아가 되든지 비명횡사할 수 있다.

2) 원숭이띠·쥐띠·용띠의 재살에 해당되는 말띠 생은?

① 말띠 생 자녀가 똑똑하지 못해도 유산을 물려줄 수 있다.

② 처가집이나 시댁에서 나를 헐뜯거나 시기하고 미워하면 그 띠는 분명히 말띠 생이다.
③ 원숭이띠·쥐띠·용띠에게 말띠는 반드시 천적임을 잊어서는 안 된다.

3) 원숭이띠·쥐띠·용띠의 천살에 해당되는 양띠 생은?

① 절대 양띠 생과 동업하지 말라. 돈을 빌려주어도 받기 힘들다.
② 양띠 방향(未의 방위 남서쪽)에다 종교 계통의 부산물을 설치하지 마라. 조상신이 들어오는 방향이므로 배척하는 격이 된다.
③ 학생은 양띠 방향으로 책상을 두고 공부하면 우등생이 된다고 한다.

4) 원숭이띠·쥐띠·용띠의 지살에 해당되는 원숭이띠는?

① 원숭이띠를 출산하면 같이 못살고 떨어져 살아야 한다.
② 원숭이띠는 인연이 깊지 못하여 깊은 정은 가지 않는다고 한다.

5) 원숭이띠·쥐띠·용띠의 연살에 해당하는 닭띠는?

① 닭띠 자녀는 성장기의 한때 부모의 애간장을 태운다.
② 집안일(관혼상제) 등의 뒷일을 말없이 열심히 도와주고 처리한다.
③ 궂은일로 사람을 고용하고자 한다면 닭띠 생을 고용하면 매우 좋다.

6) 원숭이띠·쥐띠·용띠 월살에 해당되는 닭띠는?

① 개띠 생과 결혼하면 처가나 시댁의 덕을 본다고 한다.
② 돈을 빌려 쓰더라도 개띠 생에게 부탁하면 돈이 잘 빌린다.
③ 개띠 생의 애인을 두면 많은 덕을 볼 수 있다.

7) 원숭이띠 · 쥐띠 · 용띠의 망신살에 해당되는 돼지띠는?

① 돼지띠 생하고 연애를 하면 머지않아 그 비밀이 폭로되어 망신당한다.
② 돼지띠 생 자녀를 두면 가문의 명예에 망신당한다.
③ 망신살이 있지만 또한 횡재수도 있어서 금전력은 좋다고 본다.

8) 원숭이띠 · 쥐띠 · 용띠의 장성살에 해당되는 쥐띠는?

① 쥐띠 생 자녀를 출산하면 집안이 개운되고 발복된다고 한다.
② 관재구설로 인하여 법조인을 구할 때 쥐띠 생을 구하면 잘 풀린다.
③ 병이 깊어 중병이 돼서 치료 받을 때 쥐띠 생 의사를 구하여 치료를 받으면 반드시 효과를 볼 수 있다.

9) 원숭이띠 · 쥐띠 · 용띠의 반안살에 해당되는 소띠 생은?

① 사업가는 핵심인물을 구하고자 할 때 반드시 소띠 생을 구하라.
② 소띠 생은 모든 일에 적극적으로 도와주려고 한다.
③ 잠자리 방향(표의 방향 북동쪽)으로 하면 건강이 좋아지고, 사업가는 사업이 잘 풀리고 미혼은 혼담이 오가며 무직자는 취직된다.

10) 원숭이띠 · 쥐띠 · 용띠의 역마살에 해당되는 범띠 생은?

① 범띠 생의 자녀는 훗날 반드시 가문을 일으켜 세운다.
② 키울 때는 무척 힘들어도 키워놓으면 반드시 중심인물이 된다고 한다.
③ 조상 중에 범띠 생은 그 가문을 빛냈던 조상이 분명하다.

11) 원숭이띠 · 쥐띠 · 용띠의 육해살에 해당되는 토끼 생은?

① 토끼 생 자녀는 효자가 분명하다.
② 부모님의 임종을 지키는 것도 토끼 생이 분명하다.
③ 토기 생 자녀는 종교적인 신앙에 빠질 수도 있다.

12) 원숭이띠 · 쥐띠 · 용띠의 화개살에 해당되는 용띠 생은?

① 용띠 생이 장남이 아니더라도 장남 행세를 한다.
② 부부가 이혼이나 별거를 해도 용띠 생 자녀가 있으면 재결합한다.
③ 가정사나 다른 일도 용띠 생에게 부탁하면 잘 해결해준다.

3 십이지 띠별 운세 해설

1) 원숭이띠 · 쥐띠 · 용띠의 겁살에 해당되는 뱀띠 년의 운세는?

① 남에게 강제로 빼앗기거나 사기를 당할 수 있다.
② 몸이 아프고 부상, 수술을 할 수 있고 매사 힘들게 살아간다.
③ 미혼자는 혼담이 생기나, 강제적인 면이 크고 결혼도 강제적인 면이 있다.
④ 특히 부녀자는 강제성인 강요나 심하면 납치, 겁탈, 감금 등이 있다.

2) 원숭이띠 · 쥐띠 · 용띠의 재살에 해당되는 말띠 년의 운세는?

① 주위를 이용하여 목적달성 후 안전한 곳으로 피해 숨어 살 운이다.
② 관재구설이 많고 매사 분쟁이 심하고 천재지변까지 겪을 수 있다.
③ 사업인은 사업이 부진하고 또한 남에게 좋은 일을 해주고도 원망

을 듣게 된다.

3) 원숭이띠 · 쥐띠 · 용띠의 천살에 해당되는 양띠 년의 운세는?

① 사업을 크게 벌여놓고 투자자나 동업자가 부진하여 고심을 할 운세다.
② 신규 사업이나 대리점 총판을 개설하나 도와주는 이가 없어 실속이 없다.
③ 허울 좋은 명예나 신분은 좋으나 매사 스트레스를 받아 맥이 빠진다.
④ 여성의 경우는 신경과민에 시달려 남자가 싫어지고 부부이별 생각도 든다.

4) 원숭이띠 · 쥐띠 · 용띠의 지살에 해당되는 원숭이띠 년의 운세는?

① 모든 일에 자신감이 있어서 용기와 욕망이 생긴다.
② 이사, 이동, 해외여행, 출장이 있고 남에게 초대, 초청을 받을 수 있다.
③ 문서, 계약 건, 금전 운이 상승하고 내 집 마련의 기회가 온다.
④ 가정을 소홀히 하여 불화, 별거, 이별 등으로 마음고생도 할 수 있다.

5) 원숭이띠 · 쥐띠 · 용띠 생이 연살(도화살)에 해당되는 닭띠 년의 운세는?

① 금전 운이 좋고 횡재수도 있으나 허영, 사치, 색정에 탐닉하여 탕진할 수도 있다.
② 낭비가 심하고 유흥장 출입도 하고 수치스러운 일을 저질러서 비

밀까지 탄로 날 수도 있다.
③ 가정불화로 인하여 천박하게 생활하게 되고 남녀 모두가 색정 문제로 함정에 빠지거나 아니면 일반적으로 당할 수도 있다.

6) 원숭이띠 · 쥐띠 · 용띠 생이 월살에 해당되는 개띠 년의 운세는?

① 남에게 이용을 당하거나 배신을 당할 일이 많이 생긴다.
② 부하의 실수로 인하여 상사는 좌천이나 책임 질 일이 생긴다.
③ 매사가 막힘이 많고 스트레스 받을 일이 발생하여 매사 조심하여야 한다.
④ 가정사는 부부간에 딴 마음이 생길 수 있으니 감정적으로 처리하면 안 된다.

7) 원숭이띠 · 쥐띠 · 용띠 생이 망신살에 해당되는 돼지띠 년의 운세는?

① 금전 운은 좋으나 매사 수치스럽고 망신당할 일이 생긴다.
② 나의 비밀이 우연한 기회로 폭로되어서 신분과 명예가 실추되기도 한다.
③ 남녀 모두가 망신을 당하여 천박한 생활도 하게 된다.
④ 특히 여성은 유혹에 빠져서 망신을 당한 후에 병원 출입까지 하게 된다.

8) 원숭이띠 · 쥐띠 · 용띠 생이 장성에 해당되는 쥐띠 년의 운세는?

① 모든 일에 자신감이 새겨서 성취력이 상승하는 좋은 운이다.

② 모든 일에 과감하게 움직이거나 투자하여 노력하는 만큼 댓가가 기대되는 운이다.
③ 해외출장, 투자의욕, 취업 수가 상승하여 인간관계가 좋은 운이다.
④ 가정사는 가정 소홀로 액운이 있고, 새로운 곳에서는 연애운이 강할 운이다.

9) 원숭이띠 · 쥐띠 · 용띠 생이 반안살에 해당되는 소띠 년의 운세는?

① 사업인, 상인, 자영업인은 사업이 호전되는 운이다.
② 직장인은 승진, 영전, 진급이 있겠고 학생은 학업이 상승하고 입학과 합격의 운이 있고 무직자는 취업의 운이 있겠다.
③ 내 집 마련, 문서계약, 납품, 신규 사업 등의 여러 가지 좋은 운이 상승될 시기이다.
④ 가정사는 우환이 생겨 노부모에게 액운이 닥쳐올 수도 있다.

10) 원숭이띠 · 쥐띠 · 용띠 생이 역마살에 해당되는 범띠 년의 운세는?

① 대개는 이별의 운이나 헤어진 사람을 만나는 기쁨도 있을 운이다.
② 사업인은 외지에서 사업할 운이 오고 운수업이나 해외 취업도 가능하다.
③ 재물운은 타지나 먼 곳에서 생기고 동분서주하여 노력하지만 실속은 적을 운이다.
④ 애정운은 동분서주하지만 애처로운 일이 많을 운이다.

11) 원숭이띠 · 쥐띠 · 용띠 생이 육해살에 해당되는 토끼띠 년이 운세는?

① 직장인은 직장에서 좌천되고 다시 분주하지만 실패 수가 많을 운이다.
② 남의 부탁을 뿌리치지 못하고 어떤 일이든지 강요나 억압되는 수가 많다.
③ 요령을 피우다가 손해를 보고 무에서 유를 창조하는 시기의 운이다.

12) 원숭이띠 · 쥐띠 · 용띠 생이 화개살에 해당되는 용띠 년의 운세는?

① 생각지도 못한 금전 운이나 횡재수는 좋은 운이다.
② 다만 쉽게 하려고 하고 일확천금을 한 번에 노리다가 파산 될 운이다.
③ 금전운이 좋으니 남자는 사업이 실패 수가 있고 여자는 색정 문제가 있다.
④ 남녀 간에 이성이 유혹이 많이 생겨서 바람이 나거나 유흥장 출입이 번번하게 생겨서 금전을 탕진하고 가정사도 액운이 깃들어 불행하게 될 수도 있다.

☆ 다른 삼합의 띠 생도 비교 분석하여 같이 적용하여 주시면 됩니다.

7장

십이신살외, 흉살, 공망, 천을귀인

1 괴강(魁罡) 도표

	일진(日辰)
괴강살	경진(庚辰) 경술(庚戌) 임진(壬辰) 무술(戊戌)

괴강은 가장 세력이 강하고 적극적일 때는 한없이 적극적이고 소극적일 때는 가장 소극적이다. 이와 같이 길성이 작용할 때는 더욱 길성 작용을 하고, 흉성이 작용할 때는 더욱 흉성 작용을 한다.

辰을 천강(天罡)이라 하고 戌을 하괴(河魁)라고 하며 음양 운기의 절멸의 지지로서 이를 '괴강'이라고 부른다.

2 괴강 도표 해설

1) 생일이 괴강이고 사주에 또 괴강이 중복되고 대운에 신왕운을 행하면 흉성이 길성으로 변하여 대단히 크게 될 인물이다.

2) 괴강살이 형충파나 재성이나 관성이 사주에 있거나 대운에 오면 각종 재액이 발생한다.

3) 경진일, 경술일의 괴강살은 관성이 있든지 대운에서 관운이 오면 극심한 빈궁에 처해진다.

4) 임진일 괴강살은 재성이 있든가 야운이 오면 가난하다.

5) 여성은 얼굴이 아름답고 총명하나 고집이 세고 남편을 무시하는 성격이고 자기주장을 내세우다가 결국 갈등이 많아 이별 수가 있다.

> 辰日, 戌日에 출생한 사람은 기술, 기능공이 많다. 사주 중에 辰, 戌이 들어가는 일진에 합해서 괴강으로 동일하게 볼 수 있고 또 백호살로 볼 수도 있다.

3 백호대살(白虎大煞) 도표

	연, 월, 일, 시
백호대살	갑진(甲辰), 을미(乙未), 병술(丙戌), 정축(丁丑), 무진(戊辰), 임술(壬戌), 계축(癸丑)

백호살은 육친의 통변에 따라 각각 다르기 때문에 통변을 잘 해야 한다. 연, 월, 일, 시를 막론하고 편재가 백호살이면 부친, 처첩, 시모에게 혈관, 흉사가 있다. 여성도 관성이나 식상에 백호살이 있으면 남편과 자식에게 혈관, 흉사가 있다고 본다.

4 사주일진의 백호대살 도표 해설

1) **甲辰日**: 부부 생사이별 고독하게 되며 신병, 당뇨병에 잘 걸리며 甲辰日에 辰이 편재가 되면 부친이 교통사, 혈관사 할 수 있고 백부 숙부도 같이 고생하며 흉사할 수 있다.

2) 乙未日: 배우자와 생사이별이나 신병을 자주 앓고 乙未日도 未가 편재이니 부친이나 백부, 숙부도 교통사, 혈관사 등으로 고생하며 흉사할 수 있다.

3) 丙戌日: 여자는 난산, 유산이 되며 자궁질병도 있으며 丙戌日의 戌은 식신이니 장모, 조카, 손자가 각종 교통사, 혈관사 등으로 고생하며 흉사할 수 있다.

4) 丁丑日: 장모, 조모에게 교통사, 혈관사 등 흉사가 있고 여자는 자궁질병, 유산, 무자 등으로 부부 이별 수가 있다.

5) 戊辰日: 부친은 주벽이 심하고 부부는 생사이별하고 자식은 액살, 수술, 산액이 많고 형제, 자매가 교통사, 혈관사로 고생하며 흉사할 수 있다.

6) 壬戌日: 부부는 생사이별하고 조난, 객사, 흉사가 있고 자녀는 교통사고, 혈관사가 있고 여성은 남편이 횡사, 흉사가 있을 것이다.

7) 癸丑日: 부부는 생사이별이 많고 자식은 교통사고, 혈관사가 있고 여자는 남편이 조난, 교통사고, 혈관사가 있을 것이다. 또한 자궁수술이나 자궁병으로 고생할 수 있다.

5 사주의 백호대살

1) 연주에 백호대살이 있으면 조부모가 흉사하고 생사이별하며 불구나 단명, 신병으로 앓게 되며 피를 흘리고 사망한다.

2) 월주에 백호살이 있으면 부모형제와의 생사이별로 흉사하고 불구나 단명, 신병, 조난, 총사 등의 횡사가 있을 수 있다.

3) 일주에 백호살이 있으면 부부는 생사이별 아니면 본인이 불구, 단명하며 어린 시절부터 여러 가지 장애가 있다.

4) 시주에 백호살이 있으면 자손액살, 무자(無子) 하거나 유산, 난산이 많고 만일 유자(有子)면 횡사, 횡액이 있을 것이다.

> 여러 가지 흉살이 많지만 여기에서는 십이신살, 괴강, 백호대살만 적용한다. 때로는 흉도 길성으로 바뀌는 경향이 있다. 모든 것은 사주학에서 음양오행으로 추명하고 각종 신살은 참고 사항으로 보고 당사주에서 강조하는 사항이다. 사주학과 당사주의 구분은 어느 정도 해야 할 것이다.

6 공망(空亡) 도표

1	甲子에서 癸酉까지는 戌亥가 공망이다.
2	甲戌에서 癸未까지는 申酉가 공망이다.
3	甲申에서 癸巳까지는 午未가 공망이다.
4	甲午에서 癸卯까지는 辰巳가 공망이다.
5	甲辰에서 癸丑까지는 寅卯가 공망이다.
6	甲寅에서 癸亥까지는 子丑이 공망이다.

공망이란 일명 '천중살(天中殺)'이라고도 한다. 공망이란 열두 개의 지지에 천간이 없는 것을 말하는데 하늘 없이 땅만 있으면 어떻게 만물을 생성할 수 있으며 여자는 있으나 남자가 없는데 어찌해서 자손을 얻을 수 있을까!

이와 같이 하늘이 비어 있거나 없는데 어찌 땅에서만 무엇을 할 수 있을지 공한 상태를 말함이다.

7 사주의 공망 도표 해설(공망을 일주에서 볼 때)

1) 연주에 공망이 있으면 조상이 공친 것이니 조부모의 기지가 미약했으며 조상의 음덕이 부족하고 가정형편도 빈궁하다.

2) 월주에 공망이 있으면 부모형제가 무력하거나 서로 도움이 안되고 각종풍파가 있을 수 있다.

3) 시주에 공망이 있으면 자식이 무력하고 말년에 불우하며 죽을 때는 관이 없는 형상이다.

8 육친의 공망(십신)

1	비견이 공망이면 형제와 친구, 동료가 빈약하고 무력하다.
2	겁재가 공망이면 형제, 동기간에 우애가 없다.
3	식신이 공망이면 남자는 활동이 막히고 실직을 자주 하며 재능을 발휘하지 못하고, 여자는 자식이 박하고 자식을 두기가 어렵다.
4	상관이 공망이면 종교계로 진출한다.
5	편재가 공망이면 남자는 직업과 재복이 없고 처덕도 없다.
6	정재가 공망이면 재물 욕심이 없고 남자는 극처하거나 늦게 결혼한다.
7	편관이 공망이면 남자는 관운이 약하다. 여성은 남편 운이 없다.
8	정관이 공망이면 공명을 구하지 못하고 자녀가 어려우며, 여자는 남편 덕이 없고 만혼한다.
9	편인이 공망이면 사업에는 적당하지 못하고 교육이나 배움에는 중단되고 신약하면 흉사가 많고 사회적으로나 가정적으로 인정받기가 어렵다.
10	정인이 공망이면 남녀 간에 부모의 덕이 없고 학업을 중단하며 집을 자주 옮기며 도움을 받지 못하는 사람이며, 부모와의 인연이 약해서 학문으로 대성할 수 없다.

공망은 형충파해나 합이 되면 해소되어 해공이 되고 세운에서 공망을 하게 되면 같은 공망이 또 만나니 진공이 해소되고 공망이 없어진다. 공망은 글자 그대로 공치고 허탕되어 망치는 것이니 사주 상에 가장 문제시되는 살이다. 길일이 공망이 되면 길성이 없어지고 흉하게 되고 대신에 흉일이 공망이 되면 흉성이 없어지고 길하게 된다.

9 천을귀인(天乙貴人) 도표

일간	甲	乙	丙	丁	戊	己	庚	辛	壬	癸
천을귀인	未丑	申子	酉亥	亥酉	丑未	子申	丑未	寅午	卯巳	巳卯

10 천을귀인 도표 해설

1) 천을귀인과 십이운성 중 건록이 같이 있으면 문장이 뛰어나다.

2) 천을귀인은 흉을 길성으로 변화시키는 최고의 길성이다.

3) 천을귀인이 장생 제왕이면 용모가 훤칠하고 총명하며 덕망이 높은 큰 인물이 되고 병이 없다.

4) 천을귀인이 형충파해나 공망에 있으면 복이 감소되고 평생 곤고

할 가능성도 있다.

5) 천을귀인이 간합이나 지지합이 되면 신용이 있고 부유하며 평생 죄를 범하지 않는다.

6) 천을귀인이 겁살과 동주하면 위엄이 있고 모사가 능하다.

> 천을귀인은 3가지 등급이 있다. 귀인이 있는 주의 천간이 합하는 것이 상격(갑자와 기미가 사주에 있는 것)이고, 귀인이 있는 지지가 합하면 중격(무자와 기축이 사주에 있는 것)이고, 천간과 지지에 합이 전혀 없으면 하격(신미와 경인이 사주에 있는 것)이므로 부귀공명이 감소된다고 볼 수 있다.

8장

사주학의 십신의 기본편

1 십신(十神) 음양오행과 천간의 성질, 희신·기신 도표

1) 비아자 형제(比我者, 兄弟)
   나와 같은 오행은 형제이다. → 비견(比肩), 겁재(劫財)
2) 아생자 자손(我生者, 子孫)
   내가 생하는 오행은 자손이다. → 식신(食神), 상관(傷官)
3) 아극자 처재(我剋者, 妻財)
   내가 극하는 오행은 처재요. → 정재(正財), 편재(偏財)
4) 극아자 관살(剋我者, 官財)
   나를 극하는 오행은 관살이요. → 정관(正官), 편관(偏官)
5) 생아자 부모(生我者, 父母)
   나를 생해주는 오행은 부모요. → 편인(偏人), 정인(正印)

비견: 일간과 오행이 같고 음양이 같은 것
겁재: 일간과 오행이 같고 음양이 다른 것
식신: 일간이 생하는 오행으로 음양이 같은 것
상관: 일간이 생하는 오행으로 음양이 다른 것
편재: 일간이 극하는 오행으로 음양이 같은 것
정재: 일간이 극하는 오행으로 음양이 다른 것
편관: 일간을 극하는 오행으로 음양이 같은 것
정관: 일간을 극하는 오행으로 음양이 다른 것
편인: 일간을 생하는 오행으로 음양이 같은 것
정인: 일간을 생하는 오행으로 음양이 다른 것

2 육신 및 천간의 성질 및 희기 해설

1) 甲日柱(갑일주)

水		火		土		金		水	
양	음	양	음	양	음	양	음	양	음
甲	乙	丙	丁	戊	己	庚	辛	壬	癸
寅	卯	巳	午	辰戌	丑未	申	酉	亥	子
비견	겁재	식신	상관	편재	정재	편관	정관	편인	정인

※ 甲木의 성질과 희·기

① 甲木은 양에 속하며, 대들보를 만드는 거목을 의미한다. 가을과 겨울에 태어나면 좋고 辛月과 子月이 가장 길하다. 사주에 庚辛이 있으면 도끼와 끌의 역할을 하나니 주로 명예에 이롭다. 운이 申酉辰戌丑未로 향하면 크게 발복한다. 특히 신(辛)의 정관이 있으면 더욱 좋다. 그런데 寅午戌火局과 丁火상관이 천간에 튀어나오면 힘들고 노고가 많아도 되는 일이 없다. 운 역시 그러하다. 만약 지지가 火局을 이루고 丁火가 투출했을지라도 사주에 辰, 戌, 丑, 未가 있거나 천간에 戊, 己가 노출되어 있다면 운이 재운인 土로 향할 때 상관 생재하므로 크게 발복한다.

② 甲木은 공중에 높이 솟아 하늘을 찌른다. 싹이 트려면 火가 필요하고 봄에는 金을 싫어하고 가을에는 土를 싫어한다. 火가 세력이 강성할 때는 용(辰)을 만나야 하고 水가 범람하면 범(寅)을 타야 한다. 지지가 윤택하고 천간이 중화하면 오래도록 뿌리를 박고 장성하게 된다.

2) 乙日柱(을일주)

水		火		土		金		水	
양	음	양	음	양	음	양	음	양	음
甲	乙	丙	丁	戊	己	庚	辛	壬	癸
寅	卯	巳	午	辰戌	丑未	申	酉	亥	子
겁재	비견	상관	식신	정재	편재	정관	편관	정인	편인

※ 乙木의 성질과 희·기

乙木은 연약한 꽃나무와 같아서 뿌리와 잎이 있는데 지나치게 음습하면 성장하기 힘들다. 水가 지나치게 많으면 떠내려갈 우려가 있고 火가 과도하면 타버리며 金이 과도하면 꺾이고 土가 과다하면 土生金하니 좋지 않다. 그러므로 乙木은 봄에는 火가 있어야 좋고 여름에는 水가 필요하고 가을에는 火가 있어서 金을 제압해야 하고 겨울에는 활동하기 위해 火가 필요한 것이다. 乙木이 신약할 경우에는 甲木이 투출이나 인목의 도움이 필요하니 사계절이 마찬가지이다. 乙은 겁재 甲을 좋아한다.

3) 丙日柱(병일주)

火		土		金		水		木	
양	음	양	음	양	음	양	음	양	음
丙	丁	戊	己	庚	辛	壬	癸	甲	乙
巳	午	辰戌	丑未	申	酉	亥	子	寅	卯
비견	겁재	식신	상관	편재	정재	편관	정관	편인	정인

※ 丙火의 성질과 희·기

丙火는 태양과 같아서 대지를 두루 비치며 기세가 강하고 맹렬하여 눈과 얼음을 녹이고 庚金을 녹여 버린다. 그러나 구름이 햇빛을 가리듯 癸水가 丙火를 가리면 그 권위를 나타내지 못하는 경우가 많다.

그러나 위에서 설명한 것은 일반적인 현상일 뿐이며 고정불변의 법칙은 아니다. 일간의 역량과 성쇠 및 사주 전체를 보고 판단하여야 한다. 비유하건대 여름의 丙火는 너무 뜨거우므로 水氣가 상승하여 구름이 비를 내려야만 水火기제의 공을 이룰 수 있는 것이니 어찌 癸水가 나쁘다고 할까? 겨울 丙火는 화세가 극히 미약하고 눈과 얼음이 세상을 덮고 있는 것과 같으므로 여기에 다시 壬癸子丑庚의 습토와 양수가 중첩되었다면 수왕 화약의 형세로써 비록 태양이 있어도 추위를 견디기 어려운 것이다. 반대로 丙火가 중첩되고 甲乙이 있고 지지에 寅午戌, 亥卯未가 삼국과 화합을 이루고 있다면 종왕격이 되지 않는 한 재앙이 백 가지로 나타날 것이다.

4) 丁日柱(정일주)

火		土		金		水		木	
양	음	양	음	양	음	양	음	양	음
丙	丁	戊	己	庚	辛	壬	癸	甲	乙
巳	午	辰戌	丑未	申	酉	亥	子	寅	卯
겁재	비견	상관	식신	정재	편재	정관	편관	정인	편인

※ 丁火의 성질과 희·기

　丁火는 촛불과 같아서 丙火를 보면 빛을 잃게 된다. 그러나 득실하면 능히 천근의 무쇠를 녹일 수 있고 실령하면 한 치의 쇠도 녹이지 못한다. 건조한 나뭇가지가 있으면 계속 타오르지만 젖은 나무를 대면 오히려 꺼지고 만다. 그 왕쇠가 분명하여 왕하면 용광로의 위력을 발휘할 것이고 쇠하면 한 자루의 촛불과 같이 연약하다고 보아야 한다.

　丁火는 음에 속하고 인위적인 화력과 같고 그 성질이 丙火보다 유순하고 화평하며 왕할 때는 庚辛金을 녹여 그릇을 만들고 약할 때는 실내를 밝혀 인간을 이롭게 한다. 왕해도 치열하지 않고 쇠해도 궁하지 않으니 오직 한 가닥 甲, 乙, 寅, 卯 중 하나의 생기만 있으면 재앙이 침범치 못하는 특성이 있다.

5) 戊日柱(무일주)

土		金		水		木		火	
양	음	양	음	양	음	양	음	양	음
戊	己	庚	辛	壬	癸	甲	乙	丙	丁
辰戌	丑未	申	酉	亥	子	寅	卯	巳	午
비견	겁재	식신	상관	편재	정재	편관	정관	편인	정인

※ 戊土의 성질과 희·기

　戊土는 견고하고 무거워 중앙에 거하고 바르니 정지하면 모이고 움직이면 열려서 만물의 명을 지배한다. 물이 있어 윤택하면 만물이 살고 불에 건조해지면 만물이 병든다. 만일 지지에 있으면 충하는 것이 두렵고 고요한 것을 좋아한다.

　戊土가 반드시 성곽과 제방을 비유할 필요는 없겠지만 양강하고 중정하므로 고요한 것이 좋고 동요하는 것이 좋지 않으므로 가장 꺼리는 것은 일지가 충을 만나는 것이다. 봄에 태어난 戊土는 木火가 서로 돕는 것이 좋고 여름에 태어나면 金水가 있어 윤습하게 해주면 좋고 가을에 태어나면 丙火가 있어 金을 억제하고 戊土를 도와줌이 좋고 겨울생은 木火가 서로 도와 온기를 보태주면 좋다. 신왕하되 태과하지 말 것이며 신약하면 생부함이 필요하다.

6) 己日柱(기일주)

土		金		水		木		火	
양	음	양	음	양	음	양	음	양	음
戊	己	庚	辛	壬	癸	甲	乙	丙	丁
辰戌	丑未	申	酉	亥	子	寅	卯	巳	午
겁재	비견	상관	식신	정재	편재	정관	편관	정인	편인

※ 己土의 성질과 희·기

　己土는 음에 속하며 밭과 정원의 흙에 비유할 수 있다. 형충파가 되어도 무방한 이유는 경작을 하려고 밭을 일구는 것과 같기 때문이다. 봄·여름·辰·巳월에 태어나면 좋으니 이는 관인의 지지이기 때문이다. 게다가 관을 상하지 않고 인을 파괴하지 않으면 발복할 명이다. 이런 사람은 사람됨이 착하고 논밭이 많은데 동남 운이 되면 더욱 좋다. 己土가 亥卯未木局을 대동하였으면 부귀할 명이다. 辰·戌·丑·未를 만나고 상관겁재가 있으면 소송사건과 상문을 조심해야 한다.

　己土는 전원의 습토로써 만물을 성장케 하고 그 성질이 중정하여 편고하지 않으므로 무한대로 모으고 저장할 수 있으니 그 효용이 끝이 없다. 火가 있어 따뜻하게 돕고 기초를 튼튼히 해주면 만물이 생장, 발육하는 것을 돕게 되니 木이 왕성해도 두렵지 않고 물이 많거나 金이 많거나 걱정할 필요가 없다. 그러나 己土가 허약하고 천간에 비견, 겁재가 없으면 신약하고 지지에 己土의 도움이 없으면 의지할 데 없는 형상이므로 특별 격국이 아니면 대체로 어려운 일생을 보낼 것이다.

7) 庚日柱(경일주)

金		水		木		火			
양	음	양	음	양	음	양	음	양	음
庚	辛	壬	癸	甲	乙	丙	丁	戊	己
申	酉	亥	子	寅	卯	巳	午	辰戌	丑未
비견	겁재	식신	상관	편재	정재	편관	정관	편인	정인

※ 庚金의 성질과 희·기

① 庚金은 가을철의 숙살지기로서 壬水를 만나면 강맹한 살기가 설기되고 씻어버리니 깨끗해질 것이다. 불을 얻으면 예리해진다는 것은 丁火를 말함이니 丁火는 용광로의 불길로써 무쇠 덩어리를 녹이고 제련하여 더욱 날카로운 용기를 만들기 때문이다. 봄여름에 생하면 기가 약해지지만 丑辰의 습토를 만나면 살아나고 未戌의 조토를 만나면 합하여 도리어 유정하다.

② 庚金은 일종의 강맹한 금속이다. 천지간의 살기를 상징하는데 火가 있으면 그릇을 만들고 수가 있으면 살기를 설기시키어 맑아지고 귀하게 된다. 甲·乙·寅·卯와 巳午未에 놓이면 관성과 인성이 힘을 얻으니 그 운에 발달할 것이다. 오직 서북방에 거하면 金은 무거워 물밑에 가라앉으니 그릇을 이루지 못한다.

8) 辛日柱(신일주)

金		水		木		火			
양	음	양	음	양	음	양	음	양	음
庚	辛	壬	癸	甲	乙	丙	丁	戊	己
申	酉	亥	子	寅	卯	巳	午	辰戌	丑未
겁재	비견	상관	식신	정재	편재	정관	편관	정인	편인

※ 辛金의 성질과 희·기

辛金은 음에 속하며 수은, 주사, 진주, 벽옥같이 보석을 뜻한다. 일월의 丁火를 모여 응결된 것이다. 가장 필요한 것은 水를 만나 음백수 청하게 되는 것이고 土와 金水의 운도 좋고 辰戌巳의 동남 운도 좋다.

시주에 丁火칠살이 없으면 묘하다. 丁火가 있으면 그릇을 이루지 못한다. 왜냐하면 보석을 화로 속에 넣는 것 같으니 효용을 말살하는 결과가 초래한다. 더욱 무서운 것은 寅午戌火局을 이루어 칠살국이 되어 辛金을 녹이는 것이다. 이럴 때는 신왕해야 감당할 수 있다. 사주에 亥卯未木局이 되고 천간에 丙·丁火가 있다면 운이 午未로 갈 때 발복할 것이다. 巳酉丑金局이 지지에 있으면 온후하고 조화가 있으며 동방이

木 때문에 발달하고 남방화 대운은 좋지 않을 것이다. 겨울에 辛金이 丁火를 얻으면 남녀 공히 귀하고 유순할 것이다.

9) 壬日柱(임일주)

水		木		火		土		金	
양	음	양	음	양	음	양	음	양	음
壬	癸	甲	乙	丙	丁	戊	己	庚	辛
亥	子	寅	卯	巳	午	辰戌	丑未	申	酉
비견	겁재	식신	상관	편재	정재	편관	정관	편인	정인

※ 壬水의 성질과 희·기

壬水는 양에 속하고 호수와 강물 같은 물이다. 능히 초목을 생하고 만물을 부양한다. 봄여름에 태어나면 좋고 겨울과 가을에 태어나면 생해주는 의사가 없다. 만약 寅午戌이 있어서 관성을 생조해주면 명예를 스스로 떨칠 것이다. 지지에 金局을 이루고 3월에 났다면 귀히 되고 지지에 亥卯未木局이 있고 운이 남방으로 행하면 부를 이룰 것이다.

壬水는 왕양한 하천으로 땅 위의 어디든지 흘러간다. 간지의 水가 태과하면 방탕하고 火土가 있어 제어하면 방탕하게 흐르지 않는다. 신강하고 재반이 없으면 서북 운에 재액을 만날 것이다.

10) 癸日柱(계일주)

水		木		火		土		金	
양	음	양	음	양	음	양	음	양	음
壬	癸	甲	乙	丙	丁	戊	己	庚	辛
亥	子	寅	卯	巳	午	辰戌	丑未	申	酉
겁재	비견	상관	식신	정재	편재	정관	편관	정인	편인

※ 癸水의 성질과 희·기

癸水는 큰 바다의 물이니 끝이 없다. 그러나 癸水와 다르게 만물을 도와 생장시키지 못한다. 그러나 癸水는 비와 이슬의 물이 될 때는 만물을 도와 생장을 촉진한다. 봄과 가을에 생하고 운에서 巳午未를 만나면 좋으니 크게 발달할 것이다. 크게 꺼리는 것은 辰·戌·丑·未이니 운에서 이와 같은 패지를 만나면 흉하다. 지지에 亥卯未 木局을 이루고 일간이 강하다면 식상이재를 생하여 돈을 번다. 이때 甲과 寅이 없어야 명리가 따를 것이다. 사주에 己土가 있고 丑未월에 생했고 거기다가 삼형을 대동했다면 먹고 살 걱정은 없고 초년은 곤고할지라도 말년에는 영화가 따를 것이다. 만약 오행의 구함이 있다면 신왕하게 되는 운이 되면 재관을 감당할 수 있으니 귀하게 된다.

癸水는 비와 이슬의 물이지만 지지에 亥子가 있을 때 강과 하천의 물이 된다. 사주에 辛金과 子水가 모두 있으면 상격이고 寅午戌을 구비하면 중화가 필요하다. 火土의 계절에 났다면 서북의 金水운으로 가야 한다.

3 육친의 표출 및 통변 요약해설

1) 비견(比肩)

(1) 비견 도표

	비견의 육친
남명(男命)	형제, 자매, 친구, 동료, 처남의 아들, 선배
여명(女命)	자매, 형제, 친구, 동창생, 동서간, 남편의 첩, 시부, 고모

(2) 사회적 통변

비견은 '어깨를 나란히 한다'는 말이며 가정적으로는 형제가 되고 사회적으로는 친구가 된다. 즉, 동조자이다. 내가 힘이 약할 때는 나는 그 힘을 믿고 아만성이 있게 되어 타인이나 다른 사람의 도움을 필요하지 않고 혼자 하려는 기질이 많고 또한 고집도 있게 되고 사교성도 부족하다.

(3) 경제적 통변

비견은 형제로서 재물을 같이 분배하는 것이지만 관살이 강하여 나를 극하고 들어올 때는 비견은 나를 도와 보조하므로 관살을 막는 역할을 한다. 간단히 말하면 비견은 재가 있으면 재물이되 신약하면 힘이 된다.

(4) 육친적 통변

비견은 극재하는 성질이므로 재는 부요치가 되어 비견이 많으면 극부 극처가 된다. 남편 일지는 처궁인데 그 자리에 비견이 있으면 남편과 동등하게 되므로 어필종부의 정신은 없고 남편하고 자주 의견이 충돌하고 남편이 가출하면 가정을 잘 이끌어 가는 장점이 있다.

※ 여명에 비견은 남편의 여자가 되는 것이니 따라서 사주에 비견, 겁재가 많으면 나와 동등한 남편의 처가 많은 형상이 되어 소실을 겪게 되거나 내가 재취부인 노릇하게 될 수도 있다.

(5) 비견의 성격과 희신·기신

	비견의 성격과 희신·기신
성격	• 자존심이 강하고 남에게 지기 싫어한다. • 의지가 강해 독립심이 강하다. • 새로운 것을 좋아한다. • 반항심이 강해 파당을 잘 만든다.
희신일 때	• 자립하여 독립 사업을 할 수 있다. • 사업을 확장할 수 있다. • 주위의 도움으로 개운 득재한다. • 정신과 몸이 맑고 건강해진다.
기신일 때	• 중상모략과 큰 손재를 당한다. • 가까운 사람에게 불화를 당한다. • 아내와 다투는 일이 발생한다. • 부친과 관련하여 좋지 않은 일이 생긴다.

2) 겁재(劫財)

(1) 겁재 도표

	겁재의 육친
남명(男命)	이복형제, 자매, 형제, 여형제의 시부, 딸의 시모, 후배, 동업인
여명(女命)	형제, 자매, 남편의 첩, 동서지간, 시부, 아들의 장인

(2) 사회적 통변

양일생이 음을 만나는 동류는 (甲見乙)'겁재'라 하고 음일생이 양을 만나는 동류는 '패재'라고 하는데, 겁재는 탈재의 성이 있으므로 적극적 피탈에 해당하는 패재는 재물의 실패이므로 소극적 실패에 해당하며 전자는 불의의 강압에 의한 피탈로 처재가 쟁탈당하며 후자는 탐욕적 사기에 의한 손재인 것이다.

(3) 경제적 통변

겁재는 비견과 동류인 面으로는 같으나 그 음양 상대를 달리하므로 비견이 표(表)라면 겁재는 리(裏), 비견이 명(明)이라면 겁재는 암(暗)에 해당하기 때문에 같은 동류로써 형제자매는 틀림없는 것이나 그 표리면(表裏面)에서는 달라지는 비·겁이 혼잡, 대왕하면 동부이복(同父異腹)의 형제 아니면 이부동모(異父同母) 형제가 있게 되는 것이고 또 겁재가 있으면 표리가 다른 친구와 같으므로(가정형제는 사회의 친구) 함께 투자하여 사업하거나 또는 동업하면 그 부정으로 인하여 크게 실패할 수 있다.

(4) 육친적 통변

겁재가 중첩되면 부친을 조별하고 또는 부부 운에 생사이별이 있고 의리적 형제 또는 이복형제가 있다. 비겁이 같이 있으면 보모를 형극하며 처운을 손상시키고 재운의 손해가 많다. 대운, 세운에 같이 겁재 운이 오면 혼인 불성 또는 부부 파경 운이 올 수 있다. 여명은 겁재가 있으면 남편으로부터 구설이 많다.

(5) 겁재의 성격과 희신 · 기신

	겁재의 성격과 희신 · 기신
성격	• 자만심이 강해서 자기중심적으로 생각한다. • 겉과 속이 다르기 때문에 위선적이다. • 작은 이익에 연연하다가 큰 손해를 본다. • 남녀 모두 배우자를 극함이 강하다.
희신일 때	• 자립하여 독립 사업을 할 수 있다. • 사업을 확장할 수 있다. • 주위 도움으로 개운 득재한다. • 정신과 몸이 맑고 건강해진다.
기신일 때	• 중상모략과 큰 손재를 당한다. • 가까운 사람에게 불화를 당한다. • 아내와 자주 다투는 일이 발생한다. • 부친과 관련하여 좋지 않은 일이 생긴다.

3) 식신(食神)

(1) 식신 도표

	식신의 육친
남명(男命)	장모, 사위, 손자, 조모, 생질, 생질녀
여명(女命)	아들, 딸, 손자의 첩, 편조모, 사위의 부친, 시누이 남편

(2) 사회적 통변

식신은 의식주의 복을 가진다. 그리고 식신은 재성을 생하여 양명하는 것이니 양명 지분이 된다. 식신이 힘이 있으면 생재하고 재가 관을 생하게 된다. 칠살이 나를 극하여 수명을 감축시키려고 하는데 식신이 있으면 칠살을 제하고 나를 보호하여 수명을 보호하여 주는 것이다.

(3) 경제적 통변

甲日生의 칠살은 庚金이요 식신은 丙火인데 이 식신은 庚金의 칠살을 제하여 나를 위기에서 구명하여 주기 때문에 수성이라고 한다. 또 식신이 월령에 자리 잡고 있을 때 시간에 살이 있으면 이 살이 범하지 못하여 좋아진다는 것이니 이런 경우가 식신이 살을 쫓아 버리면 의식이 재생된다고 하는 것이다. 일간이 강하여 식신이 재성을 생하면 식신상재가 된다.

(4) 육친적 통변

식신은 손자, 장모가 되므로 식신이 왕하면 손자가 대발하게 된다고 하고 또 식신과 재와 일주합이면 장모와 처와 내가 합하기 때문에 장모를 봉양하게 된다. 식신은 생재하므로 인하여 여자관계가 많고 심하면 여색 난을 당하며 여명에서는 식신은 딸이요 상관은 아들로 볼 수 있다. 여성은 식상이 많으면 자식이 많은 것이라 남편 되는 관성을 극상하고 남편과 인연이 적으니 혼자 살기 쉽다.

(5) 식신의 성격과 희신·기신

	식신의 성격과 희신·기신
성격	• 명랑하면서 쾌활하다. • 음식을 잘 만들고 음식업과 인연이 있다. • 너그럽고 온후하며 공경심이 있다. • 식신이 불급하면 심신이 안정치 못하고 침착성이 없다.
희신일 때	• 직장인은 승진하고 사업가는 번창한다. • 의식주는 더 여유로운 생활을 누린다. • 여성은 출산 및 자녀에게 경사가 있다. • 남성은 처가댁의 도움을 받는다.
기신일 때	• 베풀어도 덕이 없고 욕을 먹는다. • 조그만 일도 관재, 구설이 따른다. • 남성은 자식과 처에게 안 좋은 일이 따른다. • 여성은 남편에게 안 좋은 일이 일어난다.

4) 상관(傷官)

(1) 상관 도표

	상관의 육친
남명(男命)	조모, 손녀, 생질, 생질녀, 외조부, 외숙모, 딸의 동기, 첩의 모친
여명(女命)	아들, 딸, 외손부, 조모, 시누이 남편

(2) 상관의 종합 통변

요약하면 일간이 약한데 상관이 있으면 나쁘다. 이럴 때는 인수로 상관을 극하고 일간을 생조하는 것이 좋다. 이때 재가 있으면 인성을 파괴하므로 해롭다. 일간이 강하면 상관이 있어도 해롭지 않은데 이때는 대체로 재가 있어 기운을 유통시켜야 하고 인성은 나쁘다. 재다신약일 때는 상관이 나쁘니 인수로 상관을 제압하고 일간을 생조해야 한다. 이때는 운에서 재운이 오면 나쁘다. 신강재약할 경우에는 상관이 있으면 좋고 인수가 상관을 극하면 나쁘다. 신약살왕하면 상관이 나쁘니 재성으로 통관시켜 상관과 칠살의 싸움을 해소시켜야 하는데 이때는 비겁식신이 있으면 좋고 재는 나쁘다. 신강살약하면 상관이 나쁘니 재성으로 통관시켜 상관과 칠살의 싸움을 해소시켜야 하는데 이때는 비겁식상은 나쁘다. 신약관왕하면 상관이 좋은데 이미 상관이 있으면 비겁식상은 나쁘다. 신약관왕하면 상관이 좋은데 이미 상관이 있으면 비겁식상의 운을 좋아하고 재운이 나쁘다. 일간이 강하고 관성이 약하면 상관이 나쁘니 이미 상관이 있으면 재생으로 관을 생하면 좋고 비겁식상은 나쁘다.

(3) 육친적 통변

여명은 상관이 아들인바 상관이 많으면 정관인 남편을 극상하니 어찌 남편이 편안히 살 수 있겠는가!

남편과 사별하니 다시 재가하게 되어 성이 다른 자식을 두며 살게 되지만 남편 없는 팔자라 어찌 길한 운명이라 하리요. 또 여명사주에 상관과 정관이 있으면 극부하며 다른 곳에 정부가 있을 수 있고 상관은 재성을 만나서 자식을 출산하는데 그러나 상관이 중첩하면 무자식인 편이다.

(4) 상관의 성격과 희신·기신

	상관의 성격과 희신·기신
성격	• 총명하고 영리하여 자기가 최고라고 생각한다. • 아는 것이 많고 다재다능하며 선경지명이 있다. • 누구의 비밀도 간직하지 못하고 잘 털어놓는다. • 의협심이 강하며 강한 자에게 반발하고 약한 자는 돕는다.
희신일 때	• 예체능, 기술, 학술 분야에서 큰 명성을 얻는다. • 사업가는 사업이 번창한다. • 여성에게는 출산이나 자녀의 경사가 있다. • 남성은 미혼이면 혼담이 오고, 기혼이면 아내에게 좋은 일이 있다.
기신일 때	• 재산상의 손해를 본다. • 직장인은 실직, 좌천 등을 당한다. • 사업가는 휴업이나 폐업을 당한다. • 작은 일에 시비, 소송, 구설이 따른다.

5) 편재(偏財)

(1) 편재 도표

	편재의 육친
남명(男命)	부친, 백부, 첩, 애인, 처남, 형수, 제수, 외삼촌, 여형제 시모
여명(女命)	부친, 시어머니, 백부, 아버지 형제, 오빠의 첩, 시외숙, 외손자

(2) 사회적 통변

편재도 자신이 관성을 생조하기 때문에 관이 좋아지는 것은 사실이나 편재는 음견음(陰見陰), 양견양(陽見陽) 식으로 정(正)으로 맞지 않고 부정(不正)으로 제(制)가 됨으로 인하여 정재가 정처라면 편재는 편처, 즉 소실, 애인, 내연의 처 등으로 보게 되는 것이고 정재를 정당한 재물로 본다면 편재는 투기, 투자, 도박, 뒷거래, 고리대금 등 유동 재물로 보는 것이다.

(3) 경제적 통변

정재는 정당한 길을 밟아 치부하기 때문에 티끌모아 태산 격으로 시일이 지연되어 치부하는 반면에 그 재물이 대를 계승하여 항구하는 법이고 편재는 그렇게 정당한 길을 밟지 않고 치부하는 것이기 때문에 일확천금을 단시일 내에 치부하여도 그의 재산이 빨리 파산하게 된다.

(4) 육친적 통변

편재는 정도의 처가 아니므로 소실, 애인, 사통부인으로 해석하며 비견 겁재를 만나면 극제를 당하므로 제일 꺼린다.

여명에 재성이 많으면 도리어 부귀하지 못하게 된다. 여명에 편재와 정재의 합이 있고 또 귀인의 합이 있으면 부귀 풍유의 귀한 명이다.

여명에 편재가 많으면 활동성이 있는 반면에 봉사정신이 투철하고 대중의 비위를 잘 맞추는 데 수단 방법이 뛰어나다 할 것이다.

(5) 편재의 성격과 희신 · 기신

	편재의 성격과 희신 · 기신
성격	• 남의 일을 내 일처럼 잘 돌봐준다. • 누구든 잘잘못을 잘 따지기 좋아한다. • 빈틈이 없고 요령이 좋으며 활동적이다. • 돈에 민감하지만 가끔 기분대로 돈을 쓴다.
희신일 때	• 신규 사업이 잘될 수 있다. • 사업가는 사업을 확장할 수 있다. • 해외에 좋은 일로 자주 나간다. • 남녀 모두 결혼할 수 있는 운이다.
기신일 때	• 사업가는 돈의 유통이 잘 안 된다. • 사기나 부도를 당한다. • 남성은 여자문제가 복잡해진다. • 부친과 관련된 일이 좋지 않은 일로 된다.

6) 정재(正財)

(1) 정재 도표

	정재의 육친
남명(男命)	정처, 고모, 숙부, 형수, 제수, 여형제의 시모, 처형, 처남, 처제
여명(女命)	편시모, 오빠의 첩, 백부, 시이모, 외손녀, 시외숙, 고모, 시조부

(2) 정재의 종합 통변

요약하면 일간이 쇠약하면 재가 관살을 생하는 것을 두려워하니 이럴 때는 인성이 비겁을 생조하여 재성을 극해야 좋고 관살이 운에서 와서 비겁을 극하면 흉하다. 일간이 강하면 재가 관살을 생조하여 일간을 구속하며 좋으니 비겁이 있으면 재를 파괴하므로 흉하다. 일간이 약하고 식상도 약한데 재가 있을 때는 비겁이 있으면 좋으니 재를 극해주기 때문이다. 일간이 강하고 식상도 왕한데 재가 있으면 재가 왕할수록 비겁 운은 흉하다.

일간이 약하고 재성이 있어 인성을 극할 때는 비겁으로 재를 극해야 하고 식신이 재를 생하면 나쁘다.

일간이 강하면 인성이 필요 없으니 재가 인성을 극하면 좋고 비겁이 재를 극하고 인성을 구출하면 좋고 식상이 재를 생하면 나쁘다. 일간이 강하고 인성이 있으면서 재가 있으면 식상도 좋고 비겁은 나쁘다.

정재는 인성을 극하기 때문에 인성은 학문과 명예인데 정재가 많은 사람은 학문과 명예가 중간에서 중단되는 현상이다. 돈은 있어도 배움이 부족한 사람일 것이다.

(3) 육친적 통변

여명에 인수, 정재, 정관이 있고 다른 결점이 없으면 재색을 겸비한 현모양처다. 특히 남녀 공히 공통적으로 대운이 정재, 세운이 정관일 때는 혼합이 잘 이루어진다. 여명에 정재 또는 인수과 태과하면 음란하여 천부의 명이다.

(4) 정재의 성격과 희신·기신

	정재의 성격과 희신·기신
성격	• 성실하고 정직하다. • 근검, 절약 정신이 강하고 꼼꼼하다. • 세밀하기 때문에 구두쇠 소리를 들을 수 있다. • 정재가 많으면 돈에 시달린다.
희신일 때	• 남성은 아내의 덕을 보고 애정도 좋아진다. • 미혼남성은 결혼을 할 수 있다. • 여성은 자식에 대한 걱정이 없어진다. • 미혼 여성도 혼담이 잘 이루어진다.
기신일 때	• 돈 문제로 고생하고 이것이 법적 문제로 발전한다. • 남성은 아내로 인해 여러 가지 문제가 발생한다. • 여성은 자식 문제로 고생한다. • 부모의 신상에 문제가 생긴다.

7) 편관(偏官)

(1) 편관 도표

	편관의 육친
남명(男命)	아들, 고조부, 외조모, 딸의 시아버지, 질녀, 매부
여명(女命)	정부, 애인, 시형제, 시누이, 아들의 첩, 며느리 오빠, 증조모

(2) 편관의 종합 통변

요약하면 일간이 강하고 인성이 적으면 칠살이 있으면 좋다. 칠살이 인성으로 화하며 일간을 적당히 극하니 조화를 이루기 때문이다. 이럴 경우에는 식상이 있어 칠살을 극하면 나쁘다. 일간이 약하고 인성이 너무 많으면 칠살을 두려워한다. 이때는 식상으로 칠살을 극하든지 재성으로 인성을 제거해야 한다. 일간이 약하고 인성이 가볍고 재성이 강하면 칠살이 있으면 좋은데 그 이유는 칠살이 재성의 기운을 감소시키고 인성을 강화시켜 일간을 생조하게 일간이 강하고 인성이 많고 재성이 적으면 칠살을 싫어하는데 이때는 식상으로 재를 돕는 동시에 칠살을 극해서 인성을 생조하지 못하도록 해야 한다. 일간이 약하면 칠살을 두려워하니 이때는 인성을 튼튼하게 일간을 생조해야 한다. 재가 인성을 파괴하면 흉하다.

(3) 육친적 통변

여명에 있어서 정관은 정부로 처녀, 총각이 정당한 예를 갖추어서 성혼된 부부라면 편관은 각각 오다가 만난 부부 또는 부정에 의한 혼인이므로 재혼 또는 위험, 동정 결혼 등으로 보게 되는데 만약 사주에 정관이 없고 편관 하나만 있으면 그것을 정관과 같이 보는 것이다. 여명에 편관이 많으면 남자가 많은 형상이라 창부와 같으니 여러 사람을 상대하는 입장이므로 여러 남자들을 거느리고 몸은 아파서 병명도 없이 주야로 병에 시달릴 수도 있다.

(4) 편관의 성격과 희신 · 기신

	편관의 성격과 희신 · 기신
성격	• 의협심이 있어서 남을 배려하고 그릇이 큰 성격이다. • 단순한 면이 있어 복잡한 것을 싫어한다. • 모험심이 강하고 기회를 잘 포착한다. • 총명하고 과단성이 있으며 특이한 사상을 추종한다.
희신일 때	• 소송이나 인허가가 쉽게 해결된다. • 사업가는 사업이 풀리고 직장인은 승진한다. • 남성은 자식을 얻거나 자식에게 경사가 있다. • 여성은 결혼할 수 있다.
기신일 때	• 각종 재난, 질병 등이 발생한다. • 손재, 관재 구설 등이 생긴다. • 남성은 자식 문제로 심신이 괴롭다. • 여성은 남자 문제나 남편으로 인해 속이 아프다.

8) 정관(正官)

(1) 정관 도표

	정관의 육친
남명(男命)	여식, 증조부, 질, 질녀, 매부
여명(女命)	남편, 시동생, 시누이, 사위의 모친, 자부의 형제, 자부

(2) 정관의 종합 통변

　요약하면 일간이 약하면 관성이 있는 것이 좋지 않지만 사주에 인성이 있어 관성을 인성으로 화하면 좋아진다. 이럴 경우에 재성이 인성을 파괴하면 파격이 되고 마니 재성을 극하는 비겁을 찾아보아야 한다. 일간이 강하면 관성을 좋아하며 관성이 있고 재성이 관성을 생조하면 금상첨화다. 그러나 식상이 있어 관성을 파괴하면 나쁘다. 양일간의 경우 식신은 정관을 합거하므로 흉하고 상관은 정관을 극하므로 나쁜 것이다. 음일간의 경우에 관살이 용신이라면 상관이 아주 나쁜데 그 이유는 칠살을 합하고 정관을 극하기 때문이다. 그런데 일간이 강하고 인성이 쇠약하면 정관을 좋아하니 관인상생이 되어 관이 인으로 변하기 때문이고 이때 식상이 관을 극하면 해로울 것이다. 일간이 약하고 인성이 왕하면 관성을 싫어하는데 이럴 경우에는 식상으로 관을 극하면 좋다.

(3) 육친적 통변

여명에 관성이 많으면 남편이 많은 형상이라 많은 남편의 시중을 들어야 하니 질병이 떠날 날이 없고 엄격한 남편을 만나 외부활동을 못하고 틀에 박힌 여자처럼 생활하게 된다. 여명사주에 정관 또는 편관은 1위 건왕이 가장 좋은 격이다. 다만 무파(無破)라야 길하다. 여명에 관성이 혼잡되어 있으면 이것을 정편 교접 이라 하여 결혼을 한 번 이상 하게 된다.

(4) 정관의 성격과 희신 · 기신

	정관의 성격과 희신 · 기신
성격	• 지성적이면 관대한 군자형이다. • 정직하고 총명하며 독실하다. • 여성에 정관이 태과하면 남편에 대하여 두 가지 음이다. • 정관이 태과하면 남성은 고집이 세고 공격적이다.

회신일 때	• 무직자는 직장을 얻고 직장인은 승진한다. • 소송사건, 각종 인허가가 쉽게 해결된다. • 여성은 남편에게 좋은 일이 있고 미혼은 좋은 사람을 만난다. • 남성은 자식을 얻거나 자식에게 경사가 있다.
기신일 때	• 형제에게 걱정스러운 일이 일어난다. • 각종 사고, 질병, 선재가 발생한다. • 여성은 남자 문제로 속을 상한다. • 남성은 자식 문제로 속을 상한다.

9) 편인(偏印)

(1) 편인 도표

	편인의 육친
남명(男命)	편모, 계모, 시모, 유모, 할아버지, 외숙, 숙모, 손자, 제부의 모친
여명(女命)	편모, 서모, 유모, 이모, 할아버지, 손자, 사위, 시조부

(2) 사회적 통변

甲日柱가 인성은 壬癸亥子 수인데 재(財)가 되는 戊·己·辰·戌·丑·未·土가 있으면 재토(財土)는 극수(剋水) 인성하여 괴인하는 까닭이다. 그리고 학문 기준으로는 어학을 바로 함에 있는 것이므로 인성은 어학에 해당하니 정인이 본국어 편인은 외국어로써 월지에 편인이 있거나 지지에 편인국을 이루면 외국어에 상당히 능통하게 된다.

(3) 경제적 통변

편인은 식신을 극하기 때문에 일명 '도식'이라고 하는데 사주에 식신을 놓은 자 편인이 병립했거나 또는 유년에 편인 운이 오면 편인은 인장, 증서, 문서, 계약 등으로 표현하는지라 편(偏)은 부정이요 도식(倒

食)은 밥그릇을 덮는 형상이니 부도수표 또는 집문서를 빌려주는 공증, 계약 파기 등 문서상 재산이 크게 손해 보는 것이다.

(4) 육친적 통변

정인은 생모, 편인은 편모가 되는 것으로 정편인성이 혼잡이 되면 일부이모(一夫二母)를 많이 보게 되고 인성과 재성이 암합하면 그의 모친은 자신의 부친과 비밀로 합하여 시집온 형상이 되어 모친이 연애결혼 하여 왔거나 혹은 재가, 소실로 시집온 형상이 된다.

(5) 편인의 성격과 희신 · 기신

	편인의 성격과 희신 · 기신
성격	• 다방면에 재능이 있고 명랑한 편이다. • 처음에는 민첩하지만 끝은 태만한 형이다. • 눈치가 빠르고 예측불허의 기질이 있다. • 두 가지 직업을 갖는 현상이 있을 수 있다.
희신일 때	• 손윗사람이나 귀인의 도움을 받을 수 있다. • 계약 체결 등 새로운 일에 발판을 삼을 수 있다. • 주택을 신축하거나 이사를 간다. • 새로운 학술 분야에서 큰 성과를 얻는다.
기신일 때	• 문서에 관련된 일은 매우 불리하다. • 직장인은 감봉, 좌천, 실직을 당한다. • 도박으로 낭패를 당한다. • 여성은 유방과 자궁에 유의해야 한다. 유산의 우려가 있다.

10) 정인(正印)

(1) 정인 도표

	정인의 육친
남명(男命)	모친, 이모, 손자, 자부의 편모, 장인, 외손녀
여명(女命)	모친, 사위, 손녀, 큰고모, 증조부, 사위의 동기

(2) 정인의 종합 통변

요약하면 일간이 약하고 관살이 왕할 때는 인성이 용신이 되니, 운에서 인성이나 비겁이 좋고 재운은 인성을 파괴하므로 나쁘다. 일간이 강하고 관살이 약하면 인성 운이 나쁘고 재운은 좋은데 왜냐하면 재가 인성을 약화시키고 관성을 강화시키기 때문이다. 일간이 약하고 인성이 있어 의지할 때는 관상운도 좋은데 그 이유는 인성을 강화시키기 때문이며 재운은 나쁘다. 일간이 강하고 인성이 있어 일간을 더욱 강하게 할 때는 재성이 용신이 되는데 그 이유는 인성을 약화시키기 때문이고 인성 운은 나쁘다. 일간이 약하고 식상이 강하면 인성 운이 좋고 재운은 나쁘다. 일간이 강하고 식상이 약한데 인성이 있을 때는 재성이 용신이 되니 그 이유는 재성이 인성을 극하여 식상을 보호하기 때문인데 운에서 인성이 오면 나쁘다.

(3) 육친적 통변

여명이 사주에 인수가 많으면 도리어 자식이 없거나 시부모와 의기불합 화면, 정재, 정관에 행운하면 자식을 출산한다. 여명이 사주에 인수가 정재로 인하여 파원하면 고부간에 불목한다.

여명사주에 인수, 양인, 상관이 병존하면 직업종교인이거나 또는 고독한 여인의 명이다. 여명사주에 인수나 정재의 성이 과다하면 음란하거나 또한 천부의 명이 될 것이다.

(4) 정인의 성격과 희신·기신

	정인의 성격과 희신·기신
성격	• 총명하고 단정하며 마음이 너그럽다. • 지혜롭고 인자하면서 이기적인 면이 강하다. • 여성의 경우는 현모양처 감이다. • 재물에 대하여 큰 관심이 없다.
희신일 때	• 부모나 큰 스승, 윗사람의 도움을 받을 수 있다. • 문서와 관련된 일이 쉽게 풀린다. • 여성은 결혼 운이 매우 좋다. • 새로운 사업을 시작할 수 있다.
기신일 때	• 문서와 관련된 일이 불리해진다. • 어머니와 관련된 일이 복잡해진다. • 여성은 유방과 자궁에 유의하고 유산의 우려가 있다. • 주택과 관련된 일이 잘 풀리지 않는다.

9장

용신(用神)

사주학은 음양오행으로 추명하는 것이다. 음양오행의 균등과 조화를 이루기 위하여 일간에 필요한 오행이 용신이다. 기본적으로 용신에 대하여 간단명료하게 작성해 본다.

1 용신 도표

(1) 억부용신	신약	비견, 겁재, 정인, 편인이 용신
	신강	식상, 재성, 관성이 용신
(2) 병약용신		① 오행이 한쪽으로 기울어지는 것이 병. 이것을 잡는 것이 약 ② 육신이 많은 것이 병. 이것을 제하는 것이 약 ③ 오행이 제와 화가 되지 않는 것이 병. 　이것을 제와화가 되는 것이 약
(3) 통관용신		① 金木이 싸우는데 水가 통관용신이다. ② 水土가 싸우는데 金이 통관용신이다. ③ 木土가 싸우는데 火가 통관용신이다. ④ 水火가 싸우는데 木가 통관용신이다. ⑤ 火金이 싸우는데 土가 통관용신이다.
(4) 전왕용신		① 전 木일 때는 水木火가 용신 ② 전 火일 때는 木火土가 용신 ③ 전 土일 때는 火土金이 용신 ④ 전 金일 때는 土金水가 용신 ⑤ 전 水일 때는 金水木이 용신
(5) 격국용신		각 격국법에 따라 용신을 정한다.
(6) 조후용신		봄(1, 2, 3월): 金이 용신, 土가 희신 여름(4, 5, 6월): 水가 용신, 金이 희신 가을(7, 8, 9월): 木이 용신, 水가 희신 겨울(10, 11, 12월): 火가 용신, 木이 희신

2 용신 도표 해설

1) 억부용신

사주팔자의 신강, 약을 구별하고 신강할 때는 일간을 식상, 재성, 관성으로 제극하거나 설기하여야 하고 신약할 때는 일간의 인성과 비겁을 생조하여야 한다. 여하간 비겁이 왕할 때는 관성이 용신이 되어야 한다. 이러한 때를 재자약살이라 하여 약한 관살을 도와주는 재성을 희신으로 사용해야 하기 때문에 이러한 용어를 쓴다. 편인이 왕할 때는 식상하여 편재가 용신이 되고 인수가 왕할 때는 재성이 용신이 된다. 또한 관성이 있어 통관하여 관인상생하여도 좋다고 하겠으며 비겁이 많아서 신강할 때는 식상으로 설기하여 식상 생재하여도 길하다. 신약이란 식상, 재성, 관성이 많이 있는 것을 말하는 것이다. 상관이 많을 때는 인수가 용신이 되고 식신이 많을 때는 편인이 용신, 식상이 많을 때는 인성을 용신으로 쓰고 그다음은 비겁으로 용신을 써야 일간을 돕는 것이 되어 비겁이 용신이 되는 것이다.

2) 병약용신

병약용신이란 상관, 겁재, 편인이 제와 화가 되지 않고 악신으로 작용할 때 이것을 병이라 하여 제하고 화하는 용신법과 사주에 많은 오행이 있어 중화를 해롭게 한다 하여 이 병을 제거하는 것을 약이라고 하는 용신 법이다. 병약용신이란 사주 중에 병만 알게 되면 용신과 약은 저절로 알게 되는 것이다. 오행의 한쪽으로 기울어지는 것을 병이라 하고 이것을 기울지 않게 바로 잡는 것이 약인데, 이 약을 얻으면 크게 부하든지 크게 귀하게 된다. 그러한 편중이 없으면 평민으로 본다.

또 한 가지 육신이 많은 것을 병이라 하는데 이것을 제하는 것이 약이라 한다. 약이 없는 사주는 천하고 단명하나 약을 얻으면 대부, 대귀하는 대진명이 되는 것이다.

3) 통관용신

두 가지 오행이 싸우는데 그 가운데서 통하는 오행이 있으면 이것을 통관용신이라 한다.

통관용신이 합하면 통관하지 못하니 합한 신을 충하면 발복한다. 또 통관용신이 멀어서 통관할 힘이 약할 때는 행운에서 통관해주면 발복한다.

4) 전왕용신

사주팔자가 한 가지 오행으로 구성되어 있는 것을 말하는데, 타 세력에 지지 않으니 이것이 도리어 많은 오행을 도와주는 용신으로 정하는 것이다. 이것을 '종격'이라고도 하는데 종하는 세력을 따르면 모든 일이 좋고 설기하는 것을 만나든지 극하는 것을 만나면 크게 흉해진다 할 것이다.

5) 격국용신

격국에 내격과 외격이 있다. 내격은 정관격, 재격, 정인격, 식신격, 칠살격, 상관격, 편인격, 양인격, 건록격이 있고 외격은 전왕격, 종격, 화기격이 있다. 내격은 신약과 신강을 보고 조후용신까지 보아야 하지만 외격은 오행의 기세에 따라 용신을 정해야 한다. 십정격은 오행의 상리에 따라서 용신을 정해야 한다.

6) 조후용신

　조후란 춘하추동이 순환하는 기후적 조건의 감도 여하를 말하는 것인데 예를 들면 甲日柱가 寅日生이 丙火를 조후용신에게 쓰는 것은 출생월이 아직 초춘(初春)이라 추운 기가 있어 丙火로 따뜻하게 해주어야만 하고 또 나무에는 물이 필요하기 때문에 癸水를 희신으로 쓰게 되는 것이다.

　다른 日柱도 이와 같이 응용되는데 그러므로 사주에 조후용신을 갖추고 있어야만 제왕이 될 수 있는 인품을 갖출 수 있는 것이다.

　이것은 음양오행, 생극, 제화의 통례적인 상법은 아니지만 그러나 그 사주의 오행의 기를 받는 시기를 중요시하기 때문이다.

　사주에는 용신에 진신과 가신이 있는 것이다.

　진신이랑 사주오행, 배합상 일간을 가장 필요하게 돕는 육신으로 용신을 삼는 것을 말하는 것이고 가신이란 진신이 없으므로 사주의 중화상 부득이 용신으로 삼는 육신을 말하는 것이다.

10장 격국 성립과 격국의 성격, 파격에 대하여

1 격국 도표

내 격	외 격		
십정격	전왕격	종격	화기격
(1) 건록격 (2) 양인격 (3) 식신격 (4) 상관격 (5) 편재격 (6) 정재격 (7) 칠살격 (8) 정관격 (9) 편인격 (10) 정인격	(1) 곡직인수격 (2) 염상격 (3) 가색격 (4) 종혁격 (5) 윤하격	(1) 종재격 (2) 종살격 (3) 종아격 (4) 종왕격 (5) 종강격 (6) 종세격	(1) 갑기화토격 (2) 을경화금격 (3) 병신화수격 (4) 정임화목격 (5) 무계화화격

※ 이 책에서는 잡격은 논하지 않으니 따로 연구하시기 바랍니다.
• 여기서는 내격과 외격만 논술하고자 한다.
• 격국은 사주에서 용신을 쉽게 알기 위한 방법론이다.

2 격국의 설명

1) 팔정격: 정관격, 편관격(칠살), 정재격, 편재격, 식신격, 상관격, 편인격을 말한다. 비겁(비견, 겁재)은 격을 삼지 않고 다만 비견(건록격)과 겁재(양인격)는 두격으로 칭한다. 그래서 내격은 10정격이라고도 한다.

격국은 팔자의 구성적 특징이다. 격국의 성격과 파격에 의해 인간의 부귀빈천이 좌우된다. 격국에는 정과 변이 있다. 정이란 보통 격국으로써 오행의 상리를 응용하여 용신을 찾는 방법, 즉 팔격이다. 변이란 특별 격국으로써 오행의 기세를 따라 용신을 정하는 것이니 원칙이 아니고 변칙이다.

변칙에서 타당성이 있는 것은 외격인 건록격, 양인격, 전왕격(종왕격), 종강격, 종재격, 종관살격, 종아격(식상), 화격(화기격)등의 8종에 불과하고 일행득기격(곡직격, 염상격, 종혁격, 윤하격, 가색건)은 전왕격에 속한다.

그 밖의 특별격은 잡격이니 이치가 없는 경우가 많고 이치가 있을지라도 완전하지 못하다.

2) 격국(팔정격)을 정하는 법

① 일간에서 월지를 보고 그 월지 지장간의 천간오행이 천간에 투간되는 것을 잡아서 일간과 육친의 관계로 정하여 격국을 정한다.
② 일간에서 월지를 보고 그 지장간의 천간오행이 천간에 투충되는 것이 없으면 그 월지를 가지고 격국을 정한다.
③ 일간에서 월지가 비견(건록격)이면 겁재면(양인격)으로 정한다.
④ 양인격은 일간이 양간일 때만 정한다.

3 격국의 도표 및 해설

1) 내격(內格)

(1) 건록격(建祿格)

日干	甲	乙	丙	丁	戊	己	庚	辛	壬	癸
월지(建祿格)	寅	卯	巳	午	巳	午	申	酉	亥	子

① 특성

강건하고 욕심 없이 항상 정직하고 속임 없이 처리하며 거짓이 없고 공정 정당하게 분배한다. 어떠한 일이든 성실함을 보이며 자기 스스로 일을 개척하여 봉사하고 추진력이 좋다. 기억력도 좋으나 사람에 따라서는 고집이 강대하여 대담하게 밀고 나간다. 부모의 덕이 없고 유산도 힘들고 자수성가하면 인덕과 형제 덕도 없으며 장남 역할을 해야 한다. 건강은 좋아서 무병할 수 있고 큰 재복은 없으나 의식(衣食) 걱정은 없고 배우자궁이 불길하여 이혼이나 재가하는 수가 많으며 자손은 귀하나 똑똑하고 자신은 노후에 고독하다.

② 직업

행정직 계통, 봉급자, 관직, 공직자, 대리점, 납품업

③ 여명

남편이 첩을 둘 수 있고 형제간에 금전문제로 다투기도 하고 자손이 귀하다. 또 건록은 비견성이기 때문에 남편을 생조하는 재성을 극하여 남편 되는 관성이 어머니가 없는 고아가 되기 때문에 남편하고 사별하기 쉽고 또한 고독한 여생을 보내게 된다.

④ 용신

건록격에 재다신약은 비겁이 용신이며 건록격에 재다신강은 관살이 용신인데 관살이 없으면 식상이 용신이다.

건록격에 관살이 많고 신약은 재성이 용신이며, 건록격에 관살이 많고 신강은 식상이 용신이다.

건록격에 식상이 많고 신약은 인성이 용신이며, 건록격에 식상이 많고 신강은 재성이 용신이다.

건록격에 비겁이 많으면 관살이 용신이며, 건록격에 인성이 많으면 재성이 용신이다.

➡ 예시

1	戊己丙丁 申未午巳	이 사주는 건록격에 비겁이 많고 재관이 극히 약하다. 지장간에만 재관이 있을 뿐 없는 것과 같다. 지장간은 천간에 투출하지 않는 한 큰 역량을 발휘하지 못한다. 임인 대운이 비록 정재 운이지만 군비쟁재가 되고 대운지지 인이 사주 연지 사와 형이 된다. 33세 기축년에 비견이 와서 일지를 충하고 군비쟁재하여 사망했다.
2	乙乙己乙 酉亥卯未	여자의 사주다. 지지가 亥卯未 삼합하여 木局을 이루고 천간에 乙이 두 개나 투출했다. 곡직 인수격이 되려고 해도 칠살 유가 있어서 곡직격은 못 되고 건록격에 불과하다. 일간이 신강한데 己土의 편재는 연간 乙木의 극을 받아 무력하고 未土의 편재 역시 삼합하여 木으로 변했다. 사주에 정관이 없으므로 칠살 유의 지장간 辛金을 용신으로 삼는다. 그러나 酉가 일주의 공망이 되고 무력하니 남편 덕이 없다.

(2) 양인격(陽刃格)

日干	甲	乙	丙	丁	戊	己	庚	辛	壬	癸
월지(陽刃格)	卯		午		午		酉		子	

① 특성

부친과 인연이 박약하여 한 가정의 가장으로서 세상에 일찍 출세하고 싶은 마음과 포부가 남보다 많으나 생각보다는 어렵고 모든 사업이 잘 안될 때는 비참하게 되며 형제, 친구, 동료와의 인간사에 인덕이 없어 주는 것만 많고 받은 것은 적으며 유산이 있다면 쟁탈이 일어나고 외롭고 쓸쓸한 인생항로를 걸어야 한다. 자아심과 고집이 있으며 마음먹은 일은 끈질기게 하여야 하며 자기가 마음을 먹으면 꼭 하고야 마는 아집이 있어 사회에 신용을 상실할 수 있다. 속마음은 겉으로 보기보다 틀린 바 많아 매사를 자기위주로 처리하기 때문에 경쟁자, 시비자가 생기고 질투, 시기하는 무리들이 많다. 관성이 없고 제왕의 본성이 나타났다 하면 극처, 극자, 극부, 파재, 수술, 질병, 뇌신경마비, 정신질환, 중풍, 수족이상이 될 우려가 많다.

② 직업

무관, 수사기관, 경찰, 신문기자, 특파원, 운동선수, 체육인, 기술자, 고기장사, 칼장수, 이발사, 재단사, 철공소, 미장사, 전기기술자, 투기적인 증권업, 유흥업, 요식업 등을 좋아하며 이업종 중에 성공률은 참으로 많으나 동업은 절대로 하지 않는 것이 좋을 것이다.

③ 배우자궁

남명(男命): 처궁이 좋지 않아 반목하다가 이별 수가 많고 극처하게 된다. 여자를 무시하고 첩을 두거나 재혼하며 자손궁도 크게 이롭지 못하다.

여명(女命): 홀로서기 쉽고 남편을 빼앗길 수 있으며 극부하는 것은 시간문제다. 집안에 있는 것이 싫어지고 사회에 나가 활동하면서 돈을 벌고 남자보다 가정을 부양하고 남자와 같은 성격으로 간혹 투기요행을 즐기고 가정의 주도권을 쥔다.

④ 용신

재성이 많으면 관살이 용신이고 재관운이 좋고 인비운은 나쁘다.
관살이 많으면 재성이 용신이고 식상재운은 좋고 인비운은 나쁘다.
식상이 많으면 재성이 용신이고 식상재운은 좋고 인비운은 나쁘다.
비겁이 많으면 관살이 용신이고 재관운은 좋고 인비식상운은 나쁘다.
인성이 많으면 재성이 용신이고 식상재운은 좋고 인비운은 나쁘다.
재관식상이 많으면 인성이 용신이고 인비운도 좋고 재관식상운은 나쁘다.

➡ 예시

| 辛甲乙戊
未辰卯寅 | 양인격이다. 지지에 寅卯辰 木方을 이루고 월간에 乙木이 투간하니 곡직인수격이 될 뻔했으나 시간에 신금(辛金)의 정관이 있어서 곡직인수격은 구성되지 않는다. 정관 辛金이 지지에 통근하지 못했어도 재성과 辰土 未土의 생조를 받고 있으니 용신이 될 영향은 있다. 정관은 용신이고 재성은 희신이다. 대운은 戊午 己未년에 火生土 土生金으로 상생하여 재물이 마르지 않더니 庚辛申酉 대운에는 용신이 득지 하고 역량이 강해져서 돈으로 관직을 사서 명예를 떨쳤다. |

(3) 식신격(食神格)

① 성립

일간대 월지의 지장간에 식신이 있고 그 식신이 천간에 투출함으로써 성립된다. 그러나 타주 간지에 다시 식상이 혼합되지 않아야 한다.

② 특성

마음이 넓고 도량이 있으며 몸은 살찐 체격이고 무엇이든지 잘 먹고 외부에서 보아서는 부자같이 보인다. 남을 위하여 노력하고 모든 일에 희생하며 서비스 정신과 시원스러운 모습이 화목한 기운이 돌면서 비밀이 없고 상냥하다. 영감이 빠르고 재주가 많으며 남의 마음을 잘 파악하는 능력이 있다.

원래 마음이 부드럽고 모든 일을 정직하게 처리하여 사랑을 베풀고 약자의 편에 서고 친절하다. 의식주가 넉넉하고 대화를 즐기며 마음이 좋다는 평을 듣는다. 그러나 편인이 있어 상극되면 도식이 되고 효신이 되어 헐벗고 굶주리고 의식주에 말 못할 사정과 자식의 허망함이 비할 데 없고 빈천함을 면하기 어렵다.

③ 여명

심성이 착하거나 남편 덕이 부족하여 남의 일에 적극적이고 음식 솜씨가 좋다. 자녀는 출세하고 장래가 길하다.

④ 직업

교육, 문화, 기술업, 생산가공, 서비스업, 도매상, 식료품상, 은행, 주식, 미술, 농업 어떤 종류는 동업도 무관하다.

⑤ 용신

인성이 많아서 신강하면 재성이 용신이고, 식상운이 좋으며 인비운은 나쁘다.

비겁이 많아서 신강하면 식상재가 용신이고, 식상운이 좋으며 인비운은 나쁘다.

신강하여 재성이 많으면 관살이 용신이고, 식상운이 좋으며 인비운은 나쁘다.

신약하여 관살이 많으면 비겁이 용신이고, 인비운이 좋으며 재관살운은 나쁘다.

신약하여 재성이 많으면 비겁이 용신이고, 인비운이 좋으며 상재관살은 나쁘다.

신약하여 식상이 중하면 인성이 용신이고, 인비운이 좋으며 식상재운은 나쁘다.

➡️ 예시

1	庚己辛丁 午卯丑丑	기토가 丑월에 났는데 丑의 지방간 癸辛己가 있지만 己는 명주의 비견이므로 격으로 못 잡고 辛이 투출했으므로 식신 격이다.
2	丁乙庚甲 丑亥午戌	월지 지장간에 丙己丁 가운데 丁이 투출했고 丁火는 월지의 본기이다. 그러므로 식신격이다.

(4) 상관격(傷官格)

① 성립

일간대 월지의 지장간에 상관이 있고 그 상관이 투출됨으로써 상관격이 성립된다. 그러나 타주지간에 다시 상관이나 식신이 혼잡되지 않아야 한다.

② 특성

인물을 볼 때는 얌전하고 도량이 넓은 것 같으나 속으로는 속이 좁고 타의 비평을 하며 타인에게 희생하는 것 같으면서도 희생하지 않고 계산과 눈치가 빨라 자기의 몫은 절대로 놓치지 않는다. 점잖은 것 같으면서도 무의식중에 자기의 본성이 드러나고 말이 많고 자기주장을 내세우며 잘난 체하고 허세를 부리며 무조건 상대방을 꺾으려고 하고 불평을 잘한다. 임시 꾸미기를 잘하고 위법행위를 저지른다. 사람에 따라서는 손재주와 예능은 특출하나 사기성과 기만이 따르고 자만심이 강하여 남의 비평을 받는다. 타인에게 복종하지 않으며 사람을 보고 비꼬는 냉소형이고 무슨 일이든지 잘하다가 자기가 불리할 것 같으면 일시에 안면을 바꾸게 된다. 반항심이 강하고 눈빛이 예리하며 자기는 거만하면서도 남이 잘못하는 것을 보고는 못 참는 성격이 있으면서 예의에 벗어나는 행동을 잘한다. 직업에 변화가 많으며 피지배를 받기 싫어 이탈하고 직업도 계속하지 않기 때문에 분명치 못하다.

③ 여명

첫 자식을 낳고 남편과 이별하는 수가 많으며 남편 덕이 없어 고독하고 백수건달이나 무위도식의 남편을 두는 수가 많다. 아무리 똑똑한 남자라도 여자 상관격과 살면 모든 것이 힘들게 되는 수가 많을 것이다.

④ 직업

선생, 교육 계통, 감사, 예능, 기술직, 수리업, 변호사, 대변인, 골동품, 고물상, 경쟁적 사업

⑤ 용신

비겁이 많아서 신강하면 칠살이 용신이며, 재살운은 좋고 인비운은 나쁘다.

인성이 많아서 신강하면 재성이 용신이며, 식상재운은 좋고 인비운은 나쁘다.

재성이 많아서 신약하면 비겁이 용신이며, 인비운은 좋고 재관운은 나쁘다.

관살이 많아서 신약하면 인성이 용신이며, 인비운은 좋고 재관운은 나쁘다.

식상이 중하면 신약해서 인성이 용신이며, 인비운은 좋고 식상재운은 나쁘다.

➡ 예시

1	己丙己戊 亥戌未午	월지 지장간 중에서 己가 월간과 시간에 투출하고 연지 오행도 己土가 숨어 있어서 역량이 강하다. 丙火의 상관인 己土가 투출하니 상관격이다.
2	丙戊癸己 辰辰酉巳	월지 지장간에서 아무것도 투출되지 않아서 유의 지장간 辛金이 명주(일간) 戊土의 상관이므로 상관격이다.

(5) 편재격(偏財格)

① 성립

일간대 월지 지장간에 편재가 있고 그 편재가 천간에 투출됨 으로써 성립된다. 그러나 타주 간지에 다시 편재나 정재가 혼잡되지 않아야 한다.

② 특성

외형을 보면 팔방미인과 영웅호걸 같이 생겼으며 성격이 명쾌하고 매사를 처거하는 것이 시원하게 처세하며 아끼는 것이 없고 풍요하게 일 처리를 잘하는 반면에 농담도 잘하고 계산도 잘하며 인심도 후하고 대중의 기분을 잘 맞춰 준다. 그러나 사주가 신약일 때는 돈을 모르고 주색을 탐하며 돈의 낭비성이 대단히 커서 패가망신할 수 있다. 반대로 신왕이 되면 상대를 다스림에 절도가 있고 통솔력이 많으며 수많은 사람을 내 사람으로 만들고 타인의 구속을 싫어한다. 교체 능력이 풍부하고 여자에게 인기가 있으며 사람을 잘 다룬다.

③ 여명

외모가 인심 좋게 보이며 여장부 같이 돈을 잘 쓰고 융통성이 좋고 사업수단과 통솔력이 좋으며 유명여성이 많고 돈을 잘 벌고 잘 쓰며 재물에는 욕심을 안 내고 가정이나 사소한 일에는 관심이 없고 남자처럼 활발하면서도 큰 사업을 즐기며 빚을 지더라도 남편의 뒷바라지를 잘한다.

④ 직업

상업, 청부사업, 생산업, 약업, 의업, 장사 계통이 제일 좋고 사업가, 금융, 재정, 채무관리직, 무역, 건축업, 역술인 등이 적합하고 재성이 합하면 재정 공무원이 많다.

⑤ 용신

비겁이 많아서 신강이면 식상이 용신이며, 식상 관살운은 좋고 인비운은 나쁘다.

인성이 많아서 신강이면 재성이 용신이며, 식상재운은 좋고 인비운은 나쁘다.

식상이 많아서 신약이면 인성이 용신이며, 인비운은 좋고 식상재운은 나쁘다.

재성이 중해서 신약이면 비겁이 용신이며, 인비운은 좋고 식상관운은 나쁘다.

관살이 많아서 신약이면 인성이 용신이며, 인비운은 좋고 재관살운은 나쁘다.

➡ 예시

1	甲庚壬壬 申子寅午	월지의 지장간이 본기 甲木이 투출했으므로 그것이 일간의 편재가 되었으니 편재격이다.
2	庚丙甲乙 申申申未	월지의 지장간의 본기 庚金이 투출했으므로 그것이 일간의 편재가 되었으니 편재격이다.

(6) 정재격(正財格)

① 성립

일간대 월지의 지장간에 정재가 있고 그 정체가 천간에 투출됨으로써 성립된다. 그러나 타주 간지에 다시 편재나 정재가 혼잡되지 않아야 된다.

② 특성

얼굴을 봐도 야무지게 생겼으며 부모가 부자나 재정공무원으로 볼 수 있고 부친이 사업이나 경제가 풍요했을 때 태어났다고 본다.

사람의 본심이 성실하고 부지런하며 재산과 금전관리를 잘하고 경제 관계는 융통성이 있어서 잘 벌지만 너무 아끼기 때문에 혹 수전노라는 소리도 들을 수 있다. 실속 있는 일과 이익이 있는 정당한 사업을 골라서 하게 되면 밑지지 않고 노력에 대가를 얻을 수 있는 사람이다. 부친이 없어도 그 영향을 많이 받으며 타산적인 성품에 세심하면서 모든 일을 잘 처리한다. 항상 돈이 떨어지지 않고 자기 직업을 천직으로 알고 경제를 잘 다스린다.

③ 여명

여성은 남편 덕이 좋으며 살림을 잘하고 경제에 집착력이 강하여 저축과 살림에 수완이 좋으나 때로는 시어머니와 불화하며 시댁과 쟁론이 많은 사람이 있다.

④ 직업

재정공무원, 경리, 은행원, 세무원, 회계사, 물품관리, 창고관리직, 공업, 건축자재업, 운수업, 각종 도매업

⑤ 용신

비겁이 많아서 신강이면 식상이 용신이며, 식상 관살운은 좋고 인비운은 나쁘다.

인성이 많아서 신강이면 재성이 용신이며, 식재운은 좋고 인비운은 나쁘다.

식상이 많아서 신약일주면 인성이 용신이며, 인비운은 좋고 식상 재운은 나쁘다.

재성이 중해서 신약일주면 비겁이 용신이며, 인비운은 좋고 식상 관운은 나쁘다.

관살이 많아서 신약일주면 인성이 용신이며, 인비운은 좋고 재관살은 나쁘다.

➡ **예시**

1	己丙辛戊 亥寅酉寅	월지의 지장간에 본기가 투출했으므로 그것이 일간의 정재이므로 정재격이다.
2	乙庚癸庚 酉午未子	월지의 지장간에 중기 乙木이 투출했으므로 그것이 일가의 정재이므로 정재격이다.

(7) 편관격(偏官格)

① 성립

일간 때 월지의 지장간에 편관이 있고 그 편관이 천간에 투출됨으로써 성립한다. 그러나 타주 간지에 다시 정관이나 편관이 혼잡되지 않아야 한다.

② 특성

얼굴 모양은 수려하고 귀공자 타입이나 부모 덕이 없고 타향살이하며 형제나 친척, 친구에게도 의지할 곳이 없고 주거가 확실치 못한 경우가 많다.

이름 없는 병으로 아프거나 늘 피로가 겹치고 잔병을 잃으며 재물의 손실이 많고 항상 벌어도 지출이 많으며 재화가 따른다. 사방에 나를 싫어하는 사람이요 반발심과 적개심이 불타고 성격은 조급하며 쟁투시비가 따르고 관재수가 항시 따르며 몸에 흉터가 많으며 자식을 많이 두는 팔자라 할 수 있다.

③ 여명

운명의 굴곡이 많아서 다시 재가할 팔자며 때때로 구박을 당하고 살아간다. 결혼 이후에 병을 얻으며 소실생활을 해보거나 정부를 주기도 한다. 신강하면 권력가의 아내가 되고 의사나 군에 종사하며 또한 기생이나 비구니가 되기도 한다.

④ 직업

군인, 경찰, 변호사, 건축업, 청부사업, 조선업, 수금업 등 선두에서 하는 직업이 적당하다. 평생을 관직이나 군인으로 있음이 제일 좋고 학업도 도중하차 아니면 고학으로 공부하며 일신이 고달프다. 그러나 사주가 신강하면 무관, 법조계, 정치인으로 출세도 하게 된다.

⑤ 용신

비겁이 많아서 신강하면 관살이 용신이며, 재살운이 좋으며 인비운은 나쁘다.

인성이 많아서 신강하면 재성이 용신이며, 식상재운이 좋으며 관인비운은 나쁘다.

관살이 중하면 식상이 용신이며, 식상운이 좋고 인비운은 나쁘다.

재성이 많아서 신약하면 비겁이 용신이며, 인비운은 좋고 식상재운은 나쁘다.

식상이 많아서 신약하면 인성이 용신이며, 인비운은 좋고 식상운은 나쁘다.

관살이 중하면 인성이 용신이며, 인비운은 좋고 재관운은 나쁘다.

➡ 예시

1	辛壬戊丙 丑戌戌寅	월지의 戌土의 지장간에 辛丁戊가 가운데 본기 戊土가 투출 했으므로 무는 임의 칠살이므로 칠살(편관)격이 된다.
2	丁甲丙丙 卯寅申午	신월의 일간이 甲木인데 월지 지장간의 戊壬庚 세 개의 역량을 비교해야 한다. 庚金이 申월의 본기로서 가장 강하므로 庚을 취해 칠살격이 된다.

(8) 정관격(正官格)

① 성립

일간대 월지의 지장간에 정관이 있고 그 정관이 천간에 투출됨으로써 성립한다. 그러나 타주 간지에 관성이 없어야 정관격이 성립된다.

② 특성

인품이 준수하고 단정하게 생겼으며 좋은 집안의 가문에서 출생하여 부모의 말에 순종하고 처신을 신중히 하여 거취가 분명하며 행동이 바르며 인내심도 있어서 생활이 규칙적이다. 부친이 공직에 있었거나 관직 가문 출생으로 행정관으로 출세한다. 책임감이 강하여 상사의 인정을 받아 승진도 빠르고 대의명분을 중요시하여 옆길에는 한눈을 팔지 않으나 너무 소극적이고 고지식한 것이 단점이다. 처와 자식 덕도 좋고 학업도 평탄하고 최고학부 까지 졸업하며 취직이 순조롭고 결혼운도 좋을 것이다.

③ 여명

남편의 운이 좋아 남편 덕으로 귀부인이 되는 수가 있으며 남편에게 내조를 잘하고 정숙하며 살림과 가정 일에는 실수 없이 잘 처리하고 가정의 내조 역할을 잘한다. 월지에 정관이 있는 여성은 얌전하고 정직하여 올바른 교육을 받고 시집을 가도 학식이 높고 좋은 가문에 출가하게 되나 상업 면에는 성공하는 확률이 적다. 왜냐하면 정관은 관직이지 상업이 아니기 때문에 상업관계는 잘되지 않는다고 한다.

④ 직업

공무원, 회사원, 군인, 경찰, 법조계, 모든 입찰업, 지배인, 목재상, 포목업, 양품점, 잡화점, 위탁, 도매업이 적당하다.

⑤ 용신

비겁이 많아서 신강하면 관이 용신이며, 재관운은 좋고 인비운은 나쁘다.

인성이 많아서 신강하면 재가 용신이며, 재식운은 좋고 인비운은 나쁘다.

식상이 많아서 신강하면 재가 용신이며, 재관운이 좋고 비겁운은 나쁘다.

재성이 중하면 신약하고 비겁이 용신이며, 인비운은 좋고 재관운은 나쁘다.

식상이 많아서 신약하면 인성이 용신이며, 관인운은 좋고 식재운은 나쁘다.

관살이 중해서 신약하면 인성이 용신이며, 인비운은 좋고 재관운은 나쁘다.

➡ 예시

1	庚戊乙辛 申戌未丑	일간 戊土가 未월에 나서 未의 지장간 丁, 乙, 己 중에서 乙이 투출했으므로 乙은 일간 戊土의 정관이다. 그러므로 정관격이다.
2	丙甲乙乙 寅子酉未	일간 甲木이 酉월에 나서 음의 지장간 신금(辛金)이 하나밖에 없으므로 辛金이 甲의 정관이므로 정관격이 된다.

(9) 편인격(偏印格)

① 성립

일간대 월지 지장간에 편인이 있고 그 편인이 천간에 투출됨으로써 성립된다. 그러나 타주 간지에 인성이 없어야 성립할 수 있다.

② 특성

사람의 외모를 보면 씩씩하고 군자같이 보이나 말뿐이고 실천하는 것은 약속을 어기며 무엇이든지 시작은 잘해놓고 허술하고 실증을 빨리 느껴 매사가 용두사미격이 된다. 식신을 극하기 때문에 수명과 복이 부족하고 모든 일이 잘 풀리지 않아서 눈치와 임기응변에는 능하나 행동 면에서는 허점이 많다. 요령을 잘 부리고 자존심이 강하며 자기를 높여주면 기분이 좋고 자기의 몸매는 깨끗이 하고 저주받기를 싫어하기 때문에 음독이나 자살하는 경우가 많을 것이다.

③ 여명

자식을 늦게 두거나 딸만 낳는 자가 많고 자식 복이 없으면서 타인 보기에는 자식 덕이 있는 것처럼 기만성을 부리고 모든 행동이 조급하고 하기 싫은 일은 하지 않는 고집이 있고 마음에 시부모와 시 동서지간에 의견이 맞지 않으며 불효는 아니 해도 불효의 행동을 할 수 있다.

④ 직업

의술, 약업, 역술가, 요리업, 여관업, 이발, 유흥업, 유모업, 인기사업, 교육가, 학자, 철학자

⑤ 용신

비겁이 많아서 신강하면 식상·관상이 용신이며, 식상, 관상운이 좋고 인비운은 나쁘다.

인성이 많아서 신강하면 재성이 용신이며, 식상, 재운이 좋고 관인, 비겁은 나쁘다.

재성이 많으면 관살이 용신이며, 관인운이 좋고 식상, 재운은 나쁘다.

관살이 많으면 신약해서 인성이 용신이며, 인비운이 좋고 재관운이 나쁘다.

재성이 많아서 신약하면 비겁이 용신이고, 비겁운이 좋고 식상, 재운은 나쁘다.

➡ **예시**

1	壬乙丙己 午丑子亥	乙木 일간의 월지의 지장간에 癸水가 투출하지는 못했으나 당령했다. 그러므로 편인격이다.
2	辛壬丙辛 亥申申酉	일간 壬水의 월지 지장간의 戊壬庚 가운데 壬은 일간의 비견 이므로 무시하고 戊와 庚의 모두 투출하지 않았다. 역량으로 비교해 보니 庚金이 당령(득시득령)하고 사주에 金이 많다. 그리하여 편인격으로 정한다. 일간의 비견, 겁재에 해당하는 월지 지장간을 투출하진 않아 강하건 약하건 득시득세하건 하지 않건 간에 보통 격국에서는 무시한다.

(10) 정인격(正印格)

① 성립

일간대 월지 지장간에 정인이 있고 그 정인이 천간에 투출됨으로써 성립된다. 그러나 타주지간에 정인이나 편인이 혼합되지 않아야 정인격으로 성립된다.

② 특성

외모를 보면 맑은 눈빛이 나며 고급스러운 태와 점잖은 성품을 갖춘 인격자이다. 부모 덕은 있는 편이고 학술에 능통하며 조용하고 온화한 것을 좋아하며 학문, 종교, 발명, 예능, 예술 계통에 뛰어난 자질이 있으나 재물에는 집착력이 적고 사심이 없다. 자존심이 강하고 의타심이 많으며 몸은 건강하고 대체로 질병이 없으며 때로는 사람에 따라서 먼저는 부자로 살다가 살아갈수록 가정이 쇠퇴해지는 경우가 많고 아버지를 먼저 여의는 수가 있다. 혼인살이라 하여 결혼을 늦게 하게 되고 장남이나 장녀의 출생자 가 많다.

③ 여명

시부모와 화목하지 못하나 친정부모와는 사이가 좋다. 이혼관계가 많고 토론이 지나쳐 남편의 미움을 사는 예가 허다하며 시가의 말을 듣지 않고 친정의 말은 무엇이든지 잘 들어주므로 그로 인하여 남편과 사이가 좋지 못하여 불화가 생긴다.

④ 직업

인수는 학문이고 도장이며 두뇌다. 교육, 언론, 문화기획, 교사, 의학, 정치학, 국문학, 예술, 의사, 학원, 생산학, 종교인, 저술가, 미술 등에 적합하다.

⑤ 용신

비겁이 많아서 신강하면 관살, 식상이 용신이며, 관살, 식상운이 좋고 인비운은 나쁘다.

인성이 많아서 신강하면 재성이 용신이며, 식상재운는 좋고 관인비운은 나쁘다.

재성이 많으면 관살이 용신이며, 관인운은 좋고 식상재운은 나쁘다.

관살이 많으며 신약하여 인성이 용식이며, 인비운이 좋고 재관운은 나쁘다.

식상이 많으면 신약하여 인성이 용신이며, 인비운이 좋고 재운은 나쁘다.

재성이 많으면 신약하여 비겁이 용신이며, 비겁운이 좋고 식재운은 나쁘다.

➡ 예시

1	甲甲戊乙 子寅子亥	일간의 월지인 지장간 壬癸가 투출하지 않았으나 월지 지장간 癸水가 일가의 정인이다. 그러므로 월지 그대로 정인격이다.
2	戊壬癸甲 申申酉寅	일간의 월지인 지장간의 辛, 庚이 투출하지 않았으나 지장간의 辛金이 하나이다. 辛은 일간임의 정인이다. 그러므로 정인격이다.

4 외격(外格)

1) 전왕격

(1) 곡직인수격(曲直印綬格)

① 특성

인품은 자비심이 많고 학문이 깊어 불쌍한 사람을 도와주는 고귀한 인물이다. 성격은 착실하며 입바른 소리를 잘하고 자존심이 강하여 누구에게도 지기 싫어한다. 이 격의 특징은 운세에 따라 많은 변화를 보이며 잘되면 아주 잘되고 안 되면 아주 안 되는 경우가 많은 것이다.

② 성립

甲乙日생은 지지에 寅卯辰 방합이니 亥卯未 삼합목국이 있거나 월지가 寅卯日에 왕신(비겁)이 반드시 투출하고 사주에 金이 없어야 성립된다.

③ 용, 희, 기(用, 喜, 忌)

용신: 木(甲, 乙, 寅, 卯), 희신: 水(壬, 癸, 亥, 子) 기신: 金(辰, 戌, 辛, 酉)

➡ 예시

| 甲甲癸壬 | 甲木 일주가 卯월에 생하니 양인격도 된다. 그러나 천간에 甲이 투출하고 지지에 寅卯辰 목방을 이루고 사주에 庚辛申酉金의 관살이 없으니 곡직격이 되었다. 양인격이나 건록격도 되고 전왕격도 될 때는 전왕격의 법칙에 입각해서 판단해야 한다. |
| 子辰卯寅 | |

(2) 염상격(炎上格)

① 특성

성품은 위로 피어오르는데 진격자(眞格者)는 예도와 형(刑)을 집행하는 관직을 얻는 귀인의 격이다. 그러나 약간 들뜬 마음을 갖고 있으며 마음의 변화가 심하고 경망스러운 일면도 가지고 있다.

② 성립

丙丁일이 巳午월에 나고 사주의 지지에 삼회, 삼합하여 火가 권세를 장악하고 火가 사주천간에 투출하면서 水의 극이 없어야 성립한다.

③ 용, 희, 기(用, 喜, 忌)

용신: 火(丙, 丁, 巳, 火), 희신: 木(甲, 乙, 寅, 卯), 기신: 水(壬, 癸, 亥, 子)

➡ 예시

| 壬丁甲丙
寅卯午戌 | 丁火 일주가 지지에 寅午戌火局을 이루고 천간에 丙火가 투출하고 천간임수가 있어서 파격이 될 것 같으나 丁과 壬이 합하므로 극이 되지 못하고 甲卯의 인성이 관성의 기운을 뽑아내 일주를 돕게 하고 壬이 허부가 되어 지지에 통근하지 못하므로 염상격이 된다. |

(3) 가색격(嫁穡格)

① 성격

믿음 있고 충효스러운 인품이며 천부의 풍족한 부귀영화를 누리며 오랫동안 장수의 복도 있다. 침착성이 있고 엉큼한 일면도 있으며 남에게 표현하기 싫어하며 간혹 자기의 주장을 내세우는 성격도 있다.

② 성립

戊己日생은 지지(地支)가 辰戌丑未이거나 四支 모두 순토(純土)여야 한다. 木이 없어야 성립된다.

③ 용, 희, 기(用, 喜, 忌)

용신: 土(戊, 己, 辰, 戌, 丑, 未), 희신: 火(丙, 丁, 巳, 午), 기신: 木(甲, 乙, 寅, 卯)

➡ 예시

丙戊己戊 辰午未午	戊土 일간이 未월에 가색격이다. 가색격은 습토와 약간의 水가 있어야 귀하고 건조하면 부자는 되어도 귀하지는 못하다. 未土는 건조하다. 그러므로 부자는 되었어도 관직은 얻지 못했다.

(4) 종혁격(從革格)

① 특성

성품은 정의파이며 의리가 있고 무관이나 형(刑)을 집행하는 고위 사법관 등이 된다. 의리를 존중하고 경제적으로 밝으며 마음이 굳세고 혁명적인 심리를 갖고 있으며 무엇이든지 자신감이 충만하다고 한다.

② 성립

庚辛일이 申酉戌월에 출생하고 지지의 金이 방합이나 삼합을 이루고 관살이 사주의 천간이나 지지에 없어야 성립된다. 또한 丑월에 생하고 金의 방화, 합국을 이루고 천간에 金이 투출하고 재관의 극손이 없으면 종혁격이 된다. 식상이 있으면 귀하게 된다.

③ 용, 희, 기(用, 喜, 忌)

용신: 金(庚, 辛, 申, 酉), 희신: 土(戊, 己, 辰, 戌, 丑, 未), 기신: 火(丙, 丁, 巳, 午)

➡️ **예시**

己辛辛戊 丑巳酉戌	지지가 金局을 이루니 사화는 金으로 변했다. 천간에 비겁과 인성이 있고 丙, 丁, 午, 未의 충극이 없으니 종혁격이다. 종혁격은 土金水가 좋고 木火가 나쁘다.

(5) 윤하격(潤下格)

① 특성

지혜가 뛰어나고 인품이 단아하며 효와 仁을 중히 여기는 고귀한 운명이다. 성격은 차분하고 온순하나 지혜와 의리심이 투철하고 용감하면서도 남을 비방하고 판단하는 일면도 있을 것이다.

② 성립

壬癸日생이 亥子월에 출생하고 지지에 방합이나 삼합의 수국을 이루고 관살의 극손이 없으면 윤하격이 성립된다. 또한 사주에 인목이 있으면 귀격이 된다. 재성을 지지에 통근하지 않고 허부가 되면 지장이 없을 것이다.

③ 용, 희, 기(用, 喜, 忌)

용신: 水(壬, 癸, 亥, 子), 희신: 金(庚, 辛, 申, 酉), 기신: 土(戊, 己, 辰, 戌, 丑, 未)

➡️ **예시**

辛壬辛壬 丑子亥寅	壬水 일간에 亥월에 지지에 水方을 이루고 寅木이 있어서 귀하게 되어서 명성을 떨쳤다.

5 종격(약일기명격)

(1) 종재격(從財格)

① 특징

의리를 중히 여기며 남달리 정의파다. 재물에는 인색하나 경제 수완이 좋고 처를 사랑하며 경제 바탕에는 큰 인물이 되지만 운에서 자기 역량의 대소의 변화가 굉장히 많으니 각별히 신경을 써야 한다.

② 성립

일간대 월지에 재성이 있고 지지에 재로 합국과 방합으로 이루고 비겁이나 인성이 없어야 한다. 비겁과 인성이 천간에 있어도 지지에 통근하지 못하고 허부가 되면 좋고 종재격에 칠살운이 오면 사망, 질병, 파산의 위험이 있다. 종재격에 관살이 없으면 부자는 되어도 귀하지 못하다.

③ 용, 희, 기(用, 喜, 忌)

용신: 재성, 희신: 식상, 기신: 비겁, 인성

➡ 예시

| 己丙乙庚
丑申酉戌 | 일간 때 월지가 재성이고 지지가 방합으로 金국을 이루고 천간에 乙木을 庚金과 합으로 金이 되고 천간에 庚金이 투출했으므로 종재격이다. |

(2) 종살격(從殺格)

① 특징

인품이 온화하고 유순하며 복록과 수명을 쌍전한 운명이다. 관권을 좋아하고 누구든지 자기 명령에 복종해 주기를 바라며 이러한 심리로 인해 실패 수가 있을 수도 있다.

② 성립

일간에서 월지에 관성이 있고 지지에 관으로 합국이나 방합을 이루고 관이 천간에 투출해야 하고 혹 관살이 천간에 없고 재성만 투출하면 가종살격이다. 비겁과 인성이 없어야 성립된다.

③ 용, 희, 기(用, 喜, 忌)

용신: 관성, 희신: 재성, 기신: 식상, 구신(仇神): 비겁

➡ 예시

| 丙庚壬丁
戌午寅卯 | 일간대 월지가 재성이지만 삼합으로 화국을 이루고 丙丁이 투출 했다. 丁壬합 하였는데 火의 기세가 강하므로 부종치화 하여 火로 변화니 종살격이 되었다. |

(3) 종아격(從兒格)

① 특성

특수한 기능의 소질을 갖고 있고 교만하면서 남에게 지기 싫어하고 신경질적인 심리와 남에게는 좋으나 가족에게는 불평불만을 하는 수가 있다. 신경이 예민하고 날카로우며 예능 방면에 뛰어나고 사무를 처리하는 데는 틀림없으나 때로는 거만하다 하겠다. 대개가 자기 능력별대로 대귀하거나 부귀하고 예술 계통도 고위직으로 등극할 수 있다.

② 성립

종아격은 월지가 반드시 식신이나 상관이면서(종재격과 종살격은 월지가 반드시 왕신이 아니라도 성립) 지지에 식상이 2개 이상일 때는 반드시 식상이 천간에 투출하여야 하고 비겁은 있어야 좋고 반드시 재성이 있어야 하고 사주에 관살과 인성을 없어야 성립될 수 있다.

③ 용, 희, 기(用, 喜, 忌)

용신: 식상, 희신: 비겁, 기신: 인성, 구신(九:神): 관성

➡ 예시

| 戊丁戊己 | 지지에 3개의 식상이 있고 식상이 천간에 투출하고 재가 있으니 종아격이다. 교수로서 평생 의식주 걱정이 없다. |
| 申未辰未 | |

(4) 종왕격(從旺格)

① 특성

비견과 겁재의 성질과 흡사하며 과단하고 자존심이 강대하여 누구에게도 지지 않으려는 성격이 있고 요행을 바라며 투기를 즐기고 공평정대함을 기뻐한다.

② 성립

사주의 지지가 모두 순 비겁으로 구성되어야 하는데 천간에 관살이 있으면 안 된다. 그러나 인성이 1~2개 섞인 것은 괜찮다.

③ 용, 희, 기(用, 喜, 忌)

용신: 비겁, 희신: 인성, 기신: 관성, 구신(仇神): 재성

➡ 예시

| 乙甲乙癸 | 일간이 寅卯에 통근하고 亥卯木국을 이루고 乙이 투출하고 癸水가 생하니 왕성함이 극에 이르렀다. 재, 관, 식상이 없으니 오로지 水木을 용신으로 삼는다. 관살운에 재앙이 있고 재운에 구사일생이고 사주에 인성이 왕성하다 하면 식상운에 인성이 식상을 극하므로 위험하다. 이 사주는 인성이 약하므로 식상운에도 위험이 피해 갈 수 있었다. |
| 亥寅卯卯 | |

(5) 종강격(從强格)

① 특성

처음 시작은 잘 처리하나 나아갈수록 끝을 못 맺으며 자아심이 강하면서 아부를 싫어하고 깨끗함을 좋아하며 예능과 학술을 좋아하고 게으른 편이나 때로는 일에 철두철미한 근성을 가지고 있다.

② 성립

일간이 실령하여 태약한데 인성이 합국 또는 방합이 되거나 비겁의 합국 또는 방합을 이루어야 하는데 사주에 식상이 있거나 재성이 있으면 안 되며 관성도 안 되고 또한 모든 종격을 왕신의 입묘문에 대단히 흉하다.

③ 용, 희, 기(用, 喜, 忌)

용신: 비겁, 희신: 인성, 기신: 관성, 재성

➡ 예시

| 甲甲癸壬
子子卯子 | 일간이 월지에 양인월에 나고 사주에 水의 인성이 5개나 되고 비견이 투출하고 식상이 없고 재관도 없으니 水木을 종할 수밖에 없다. 그러므로 인성이 많아서 종강격이다. |

(6) 종세격(종이당격)

① 특성

종세격은 월지가 일간의 식상이면 대귀하고 월지가 식상이 아닐지라도 사주에서 식상이 가장 많은 비중을 차지하면 대귀한다. 한마디로 말해서 종세격에서는 식상을 제일 소중히 여긴다. 일명 '종이단격'이라고 한다. 여기서 이당은 아당의 반대말이다. 이당은 관살, 재성, 식상이고 아당은 비겁과 인성을 말한다. 식상이 다른 이당에 비해 세력이 약하다면 부자는 되어도 지위는 높지 않고 많이 투출하면 무관으로 출세할 수도 있다.

② 성립

일간에 월지가 관성이나 재성, 식상이면서 사주에 비겁이나 인성이 없고 이당이 한 가지 오행이 아니고 두 가지 이상 섞여야 한다. 또 지지에 비겁이나 인성이 없어야 하고 천간에 한 개의 비겁이나 인성이 있을 때는 무근하여야 종세격이 성격이 된다.

③ 용, 희, 기(用, 喜, 忌)
용신: 재성, 희신: 식성, 관성 기신: 비겁, 인성

➡ 예시

| 戊丙己壬 | 재성 2개, 관살이 3개 식상이 2개다. 일간이 무근하니 종세격이 되어 대부가 되었고 金水土 운이 좋았다. |
| 子子酉申 | |

6 화기격(화격)

(1) 갑기합화토격(甲己合化土格)

① 특성

남과 타협을 잘하고 여러 사람의 존경을 받으며 자기의 직책을 잘 지키고 책임을 완수한다. 남자는 처와 여자는 남편과 백년해로하며 행복하게 인생을 다정하게 잘살게 되는 격이다.

② 성립

甲日에 출생하고 己日이나 己時에 나든지 己日에 출생하고 甲日이나

甲時에 태어나서 日時 辰戌 丑未日에 해당되고 甲乙寅卯의 木이 없어야 성립이 된다.

③ 용, 희, 기(用, 喜, 忌)
용신: 火, 희신: 土, 金, 기신: (甲乙寅卯)木

➡ 예시

화토격	甲己丙戊 戌巳辰申	辰월에 나고 사주에 火土가 강하니 甲己합土하여 화토격이 된다.

(2) 을경합화금격(乙庚合化金格)
① 특성
성질이 용감하고 남에게 유혹당하지 않으며 옳고 그름을 분별하는 능력이 탁월하다. 처와 다정다감하며 남편을 받들고 존경하면서 늘 남편 곁에서 내조가 훌륭하다. 또한 선행도 많이 하고 매사에 철두철미한 성격도 가지고 있다.

② 성립
庚日에 출생하고 乙月이나 乙時에 나든지 乙日에 출생하고 庚月이나 庚時에 태어나서 申酉月에 해당되고 丙丁巳午가 없어야 성립된다.

③ 용, 희, 기(用, 喜, 忌)
용신: 土, 희신: 金, 水, 기신: (丙丁巳午)火

➡ 예시

화금격	庚乙丙辛 辰丑申酉	乙庚合金 丙辛合水 했다. 丙辛은 모두 金을 깔고 앉았으므로 水金이 되었다. 丙이 있어서 파격이 되었다가 丙이 水로 화하므로 다시 화금격이 성립된 경우이다.

(3) 병신합화수격(丙辛合化水格)

① 특성

마음은 유달리 위엄성이 있고 이기적인 마음이 있으며 뇌물을 좋아하고 남에게 받기를 좋아하며 주색을 즐기나 마음은 강인한 편이다.

② 성립

丙日에 출생하고 辛月이나 辛時에 나든지 辛日에 출생하고 丙月이나 丙時에 태어나서 월지가 申子辰亥月에 해당되고 戊己戌丑未가 없어야 성립이 된다.

③ 용, 희, 기(用, 喜, 忌)

용신: 金, 희신: 水, 木, 기신: 火, 土

➡ 예시

화수격	戊辛丙己 子亥子丑	水方을 이루나 戊己가 있으니 애석하다. 다행이 丑土가 水方으로 변해 戊己의 뿌리가 없어져가 화수격이 되었다. 오대운에 월지가 子를 충하여 흉사했다. 외격(특별격국)은 월지를 충하면 대흉하다.

(4) 정임합화목격(丁壬合化木格)

① 특성

성격이 민감하고 깨끗함을 좋아하며 자신을 높이 평가하며 남을 업신여기는 성격이 조금 있다. 그러나 총명하고 인품이 고상하면 사람을 잘 도와주고 사회에 필요한 인물이 될 수 있다.

② 성립

丁日에 출생하고 壬月이나 壬時에 나든지 壬日에 출생하고 丁月이나 丁時에 태어나서 월지가 亥卯未 삼합이나 寅卯辰 방합월에 해당되고

庚辛申酉에 金이 없어야 성립된다.

③ 용, 희, 기(用, 喜, 忌)
용신: 水, 희신: 木, 火, 기신: 土, 金

➡️ 예시

| 화목격 | 壬丁庚丙
寅卯寅寅 | 지지가 모두 木이고 丁壬 火木이 되고 庚金이 허부하고 丙의 극을 받아 무력하여 화목격이 된다. |

(5) 무계합화격(戊癸合化格)

① 특성

마음은 냉정하나 아름다운 것을 좋아하고 애정이 결핍된 이유는 목적과 조건에 많이 치우치는 경향이 있기 때문에 결혼하는 데 장애물로 등장하여 지장이 있을 수 있다.

② 성립

戊日에 출생하여 癸月이나 癸時에 나든지 癸日에 출생하고 戊月이나 戊時에 태어나서 월지가 寅午戌巳월에 해당되고 壬癸亥子에 水가 없어야 성립된다.

③ 용, 희, 기(用, 喜, 忌)
용신: 木, 희신: 火, 土, 기신: 金, 水

➡️ 예시

| 화화격 | 戊戊癸丙
午辰巳寅 | 사주에 火가 왕성하므로 무계합화화가 되고 火가 설기하는 土가 있으니 화화격이 되어 대귀했다. |

7 격국의 파격

1) 8정격의 파격인 경우

순용의 파격						
	정관격	상관	칠살	정관의 합	형, 충	신약
	재격	비겁, 양인	칠살	재성의 합	형, 충	신약
	정인격	재성		인수의 합	형, 충	신강
	식신격	편인		식신의 합	형, 충	신약

격국은 성격과 파격이 있다. 성격이 되면 부귀하고 파격이 되면 빈천하다. 격국으로 그 사람의 그릇의 크기를 알고 용신으로 그 사람의 운세의 길흉을 안다고 했다.

역용의 파격			
	칠살격	신약	재성이 많을 것
	상관격	신약	
	편인격	관살	식신
	양인격	간지쌍합	일충일합

위의 도표는 격국의 파격이 되는 경우를 간단히 적은 것이다. 순용은 용신을 정하는 법이 생하거나 설하는 것으로 하고 역용은 제하거나 극하는 것으로 하는 것을 말한다. 파격이 되도 운세에서 다시 성격으로 변하는 수가 있으며 성격도 파격이 되는 수가 있다. 우선 격국은 성격과 파격의 판단을 해야 한다.

2) 화기격의 파격인 경우

(1) 화격이 극을 받아 파괴되는 경우
(2) 다른 화신이 화기격을 이루는 화신을 극하는 경우
(3) 투합으로 인하여 파격이 되는 경우

※ 각각의 예를 하나씩 들어본다면 다음과 같다.

1	丙辛戊庚 申未子戌	화수격이 될 뻔했으나 戊土, 戌土, 未土가 수를 극하므로 화수격이 파괴되었다.
2	己甲丁壬 巳子未辰	甲己合土 되었으나 丁壬合木이 木克土하니 화신이 화신을 극하여 화토격이 파괴되었다.
3	丁壬丁甲 未午卯戌	좌우로 두 개의 丁이 壬의 투합이 되어 丁壬합이 되지 못했으므로 화목격이 될 수 없다.

3) 화기격이 파격이 되었다가 다시 성격이 되는 법

(1) 극을 당해 파격이 되었으나 극한 그것이 합하여 극을 할 능력을 상실하는 경우
(2) 극을 하는 것이 있어도 통관시키는 경우
(3) 투합이 되어도 다시 투합하는 그것을 합하여 원앙합이 되는 경우
(4) 파격의 극을 다시 극하는 경우

※ 각각의 예를 하나씩 들어본다면 다음과 같다.

1	庚乙丙辛 辰丑申酉	丙火가 金을 극한 것 같으나 丙辛合化水으로 변하니 금수격이 성립된다.
2	己甲丁甲 巳申丑戌	甲己합이 되어 화토격이 되려고 하는데 연간 甲이 己土를 극하니 화토격이 파괴될 것 같다. 그러나 丁火가 사이에 있어서 甲生丁하고 丁生土하니 甲木이 丁火를 도와 직접 木克土하지 못하니 결국 土를 생하니 화토격이 성립된다.
3	辛丙戊甲 卯申辰子	지지에 申子辰 삼합수국을 이루니 丙辛合化水로 되어 화수격이 되는데 戊土가 水紀를 극하니 화수격이 파괴될 것 같으나 甲木이 戊土를 극하니 戊土는 水를 극할 역량을 상실하여 결국 화수격이 성립된다.
4	辛丙辛丁 卯午亥丑	丙火 양쪽 辛金이 있어 투합이 되어 화수격이 될 수 없을 것 같은데 연간 丁火가 월간 辛金을 극을 하여 합할 능력을 상실했다. 그러므로 丙辛合化水가 되어 화수격이 성립된다.

11장

육십갑자의 기본 수칙

1 육십갑자의 도표

갑甲 자子	갑甲 술戌	갑甲 신申	갑甲 오午	갑甲 진辰	갑甲 인寅
을乙 축丑	을乙 해亥	을乙 유酉	을乙 미未	을乙 사巳	을乙 묘卯
병丙 인寅	병丙 자子	병丙 술戌	병丙 신申	병丙 오午	병丙 진辰
정丁 묘卯	정丁 축丑	정丁 해亥	정丁 유酉	정丁 미未	정丁 사巳
무戊 진辰	무戊 인寅	무戊 자子	무戊 술戌	무戊 신申	무戊 오午
기己 사巳	기己 묘卯	기己 축丑	기己 해亥	기己 유酉	기己 미未
경庚 오午	경庚 진辰	경庚 인寅	경庚 자子	경庚 술戌	경庚 신申
신辛 미未	신辛 사巳	신辛 묘卯	신辛 축丑	신辛 해亥	신辛 유酉
임壬 신申	임壬 오午	임壬 진辰	임壬 인寅	임壬 자子	임壬 술戌
계癸 유酉	계癸 미未	계癸 사巳	계癸 묘卯	계癸 축丑	계癸 해亥

※ 육십갑자에 사주학의 모든 것이 들어 있어 얼마만큼 파악 하느냐에 따라 추명이 달라질 수밖에 없을 것이다.

왜냐하면 사주학은 육십갑자의 철저한 음양오행으로 풀이하기 때문이다.

2 일주 및 일간과 월지의 해설

1) 甲子: 인수, 목욕좌

(1) 甲子日의 성격
① 마음이 강하고 온순하며 옛것을 좋아한다.
② 자아심이 강하면서 배우자의 집안과 학식이 좋다.
③ 남녀 배우자가 직업이 일정치 않고 풍류가 있어 사치를 좋아한다.
④ 남편과 성합치 못해 이별할 수 있고 양친과도 인연이 없다.

(2) 甲日의 子月에는
① 子월은 추위가 매우 심한 때라 丙火의 조후가 필요하다.
② 水가 범람하니 이를 다스릴 戊土가 필요하다.
③ 子월 甲木은 천간에 식신 丙火와 재성 戊土가 있으면 부귀 한다.

2) 甲戌: 편재, 양좌

(1) 甲戌日의 성격
① 매사를 자립하고 만인을 지휘하나 독선과 직선적이다.
② 장애가 많고 남의 일에 적극적으로 봉사정신이 강하다.
③ 남성은 풍류와 주색을 즐기고 토론을 좋아한다.
④ 남성은 다처를 거느릴 수 있는 운명이라 한다.

(2) 甲日의 戌月에는
① 戌월은 건토가 왕할 때이므로 甲木으로 土를 제한다.
② 甲木 일간이 신강하면 庚金을 쓴다.
③ 신약하면 인성과 비겁을 쓴다.

3) 甲申: 편관, 절좌

(1) 甲申日의 성격

① 남을 무시하고 재주를 과시하며 배신과 실패를 당한다.
② 신체가 허약하고 살아가는 데 흉패가 있을 것이다.
③ 각박한 마음에 배우자로 인해 괴로움을 당해 궁지에 몰린다.
④ 남녀 간에 충이 겹치면 결혼 후 질병에 걸리기 쉽다.

(2) 甲日의 申月에는

① 甲木 일간에 申월은 庚金이 강하므로 우선 丁火로 다스린다.
② 신약하면 金水가 강해서 사주가 냉하면 丙火의 배합이 좋다.
③ 金水가 강해서 사주가 냉하면 木火의 배합이 좋다.

4) 甲午: 상관, 사좌, 태극귀인

(1) 甲午日의 성격

① 영리하고 수단 좋고 총명하나 오만불손하고 멋 내기를 좋아한다.
② 자만심이 있고 남을 무시하거나 억누르는 기질이 있다.
③ 학문, 예술, 기술 방면에는 남다른 소질이 있다.
④ 남자는 아름다운 배우자를 만나고 여자는 남편의 인연이 약하다.

(2) 甲日의 午月에는

① 甲木에 午月에는 木이 마르므로 癸水를 써야 한다.
② 癸水를 생해주는 庚金이 필요하다.
③ 金이 너무 강하면 癸水로 설기하고 丁火로 다스려도 된다.

5) 甲辰: 편재, 쇠좌, 금여록

(1) 甲辰日의 성격

① 명랑하고 호탕하며 금전을 다스리는 능력이 있다.

② 융통성이 풍부하여 배우자를 잘 다스리니 팔방미인 격이다.
③ 남자는 약물 중독과 여색을 조심해야 한다.
④ 여성은 시부모에게 공양을 잘한다. 또한 낭비성도 있다.

(2) 甲日의 辰月에는
① 甲木의 辰월은 木기가 극에 달아 庚金으로 다스린다.
② 辰월 木기가 다하고 火기가 가까우니 壬水로 甲木을 돕는다.
③ 壬水로 살인상생하는 대신 丁火로 庚金을 다스릴 수 있다.

6) 甲寅: 비견, 건록좌, 복성귀인

(1) 甲寅日의 성격
① 두뇌가 총명하여 통솔력과 배짱이 좋으며 독립심과 자아심이 강하다.
② 부부 이별이 많고 남에게 지기 싫어하며 부친 사업이 부진하다.
③ 남자는 손재나 상처하고 여자는 독수공방이다.
④ 남녀 간, 부부 사이에 자아심으로 인해 갈등이 생겨 이별 수다.

(2) 甲日의 寅月에는
① 甲木의 寅月은 아직 추위가 가시지 않기 때문에 丙火가 필요하다.
② 그리움에 癸水가 필요하다.
③ 수왕하면 부토가 되고 부목이 되니 戊土로 다스리고 火로써 온난하게 해주어야 한다.
④ 丁火는 제금을 잘하지만 따뜻한 온기를 충족시켜 주기 어렵다.

7) 乙卯: 편재, 쇠자, 복성귀인

(1) 乙卯日의 성격
① 성질은 온순 인자하고 바쁘게 노력하나 고집이 세다.
② 학문, 예술, 종교를 좋아하며 모든 일에 소심하다.

③ 재물은 경시하면서 낭비심이 많고 남 주기를 좋아한다.

(2) 乙日의 丑月에는
① 丑월은 천지가 얼어 있는 때이니 무조건 丙火를 쓴다.
② 丙火가 없다면 丁火도 쓸 수 있지만 甲木이 있어야 한다.
③ 丑월의 乙木은 癸水가 되면 丙火의 기가 파괴된다.
④ 겨울의 丙火는 木기를 설하는 게 아니라 생한다고 본다.

8) 乙亥: 인수, 사좌, 복성귀인

(1) 乙亥日의 성격
① 학문과 예술을 즐기며 창작력은 있으나 재복은 없다.
② 실천력이 부족하여 결실이 없으며 끈기와 베짱이 없다.
③ 남녀 간에 배우자가 자신보다 더 학식이 많다.
④ 모친으로 인해 덕을 입고 여성은 자식 덕이 적다.

(2) 乙日의 亥月에는
① 亥월은 우선 丙火로 조후한다.
② 壬癸水가 천간에 있으면 戊土로 다스린다.
③ 亥月乙木은 丙戊가 천간에 있으면 발전한다.

9) 乙酉: 편관, 절좌

(1) 乙酉日의 성격
① 깔끔하고 단정하며 유순한 반면에 소심하다.
② 생활의 안정이 안 되며 질병이 있거나 남에게 의지해서 산다.
③ 의로운 마음이 있고 화려함과 예술에 취미가 있다.

(2) 乙日의 酉月에는
① 추분까지 火기가 있으므로 癸水를 먼저 쓰고 丙火를 쓴다.

② 지지가 金국을 이루면 丁火를 쓴다.
③ 酉月乙木에 水火가 없으면 木이 金에 상처를 입으니 그만큼 삶이 고달프게 될 것이다.

10) 乙未: 편재, 양좌

(1) 乙未日의 성격
① 단정한 성품이며 섬세하고 치밀하여 모든 일에 유능하다.
② 타산적이나 몸이 약하여 잘못하면 약에 중독될 수 있다.
③ 이 생일은 남녀가 생모 외의 양육을 받을 수 있다.
④ 일처리 능력은 뛰어나게 잘하나 실속이 없다.

(2) 乙木日의 未月에는
① 未月은 건조한 때이니 우선 癸水가 필요하다.
② 戊己土가 癸水의 조후를 방해하면 甲木이 필요하다.
③ 여름의 乙木을 먼저 癸水를 쓰고 그다음 丙火를 고려한다.

11) 乙巳: 상관, 목욕좌, 금여록

(1) 乙巳日의 성격
① 여성은 남편의 직업이 불안정하다.
② 덕망이 있어 존경을 받아 복록이 있어도 신병으로 고생한다.
③ 아담하고 여성다운 기질이며 고향과 부모의 인연이 없다.
④ 용모가 준수하고 사치와 멋을 부리고 허영과 방탕심이 있다.

(2) 乙木의 巳月에는
① 庚辛金이 있어야 癸水를 쓸 수 있다.
② 庚金은 일간 乙木과 떨어져 있어야 자신의 본분을 다한다.
③ 천간에 戊土가 있으며 癸水는 자기 본분을 다하지 못한다.

12) 乙卯: 비견, 건록좌

(1) 乙卯日의 성격

① 여성은 남편과 동등하고 첩인 경우는 처 노릇한다.
② 남성은 처를 해하고 복력은 심후한 수가 있다.
③ 대쪽 같은 성품으로 매사가 분명하지만 성사는 없다.

(2) 乙木의 卯月에는

① 卯月은 木이 왕해서 丙火로 설기한다.
② 癸水로는 뿌리를 돕는다.
③ 丙火는 천간, 癸水는 지지에 있어야 효과가 좋다.

13) 丙寅: 편인, 장생좌, 홍염살

(1) 丙寅日의 성격

① 포부가 크고 허영과 사치가 있고 멋은 내지만 실속이 없다.
② 재물의 낭비 운이 심하고 부부 운이 좋지 못하다.
③ 남녀 간에 선연을 만나기 힘들고 상속을 받아도 지키기 힘들다.
④ 여성은 아들이 적고 딸을 많이 두고 몸이 왜소하다.

(2) 丙日의 寅月에는

① 寅月의 丙火는 화기가 자왕하여 壬水를 두어 화기를 견제 한다.
② 庚金으로 壬水를 돕고 壬水가 많으면 戊土로 제살한다.
③ 월간이나 시간에 辛金이 있으면 丙辛합으로 본분을 망각한다.

14) 丙子: 정관, 태좌, 복성귀인

(1) 丙子日의 성격

① 남자는 여복이 많고 여자는 극부하거나 남편의 직업이 확실치 않으며 빈천한 사람이 많다.

② 단정 수려하고 인물은 팔방미인이 많다.
③ 여성은 남편 덕이 있고 남자는 처에 의지하는 수가 많다.

(2) 丙日의 子月에는
① 子月의 丙火한테는 甲木과 戊土가 필요하다.
② 戊土로 재수할 때 甲木이 나타나면 戊土의 공이 적다.
③ 己土는 탁수를 초대하므로 쓰지 않는다.

15) 丙戌: 식신, 묘좌, 복성귀인

(1) 丙戌日의 성격
① 조급면에 낙천적이고 체격은 좋다.
② 유흥을 즐기며 유흥업소에 종사하고 운동에 소질이 있다.
③ 남녀 간 배우자는 체격이 작거나 연약할 수 있다.
④ 여성은 자궁이나 생식기 계통에 질환이 따르는 수가 있다.

(2) 丙日의 戌月에는
① 戌月은 土가 왕하여 丙火의 설기가 심하니 甲木으로 제토한다.
② 다음 壬水로 丙火의 빛을 반조해 준다.
③ 천간에 甲木과 壬水가 있으면 대길하다.
④ 이때 庚金이 甲木을 극하고 戊土가 壬水를 극하면 불길하다.

16) 丙申: 편재, 병좌, 문창귀인

(1) 丙申日의 성격
① 겁약하고 노력은 많으나 공이 적다.
② 노력에 비하여 결실이 적고 건강이 좋지 않다.
③ 허영과 낭비심이 있으면서 외부내빈의 가정이 될 수 있다.
④ 매사가 근기가 부족하나 남자는 처덕이 좋다.

(2) 丙日의 申月에는
① 申月은 태양이 서쪽으로 기우는 때에 火가 약하면 木火가 좋다.
② 木火가 많으면 金水가 희·용신이다.
③ 壬水가 많으면 戊土로 제살한다.

17) 丙午: 겁재, 제왕자, 협록

(1) 丙午日의 성격
① 언변이 능수능란하고 쾌활하면서 적극적이다.
② 급한 성격이고 개방적이면서 부지런한 성격이다.
③ 사회적으로는 원만하지만 가정적으로는 갈등이 많다.
④ 자아심 때문에 부부 불화가 생긴다.

(2) 丙日의 午月에는
① 午月은 양인월이므로 丙火가 강하다.
② 壬水와 庚金이 천간에 모두 있으면 아름답다.
③ 특히 壬水는 양인가살격을 이루어 권세와 위엄이 있다.
④ 壬庚이 없어서 戊己를 쓰면 水운이 와도 土克水가 이루어져 흉하다.

18) 丙辰: 식신, 관대좌, 협록

(1) 丙辰日의 성격
① 성품이 진실하고 체격이 좋고 낙천적이며 주색을 즐긴다.
② 비밀이 없고 적극적인 면이 있고 남과 대화하기를 좋아한다.
③ 여성은 덕이 있고 좋은 배우자를 만날 수 있다.

(2) 丙日의 辰月에는
① 辰月은 丙火가 왕하여 우선 壬水를 쓴다.
② 辰月은 토왕절이라 甲木이 필요하다.

③ 庚金이 甲木을 극하며 안 된다.
④ 甲木이 없으면 庚金을 쓴다.

19) 丁卯: 편인, 병좌, 태극귀인

(1) 丁卯日의 성격
① 예술, 공상, 신비적인 것을 좋아하고 지출과 낭비가 심하다.
② 재복이 부족하고 신체가 허약하여 약물 중독에 걸리기 쉽다.
③ 여성은 온순하지만 남편과 생사이별을 할 수 있다.

(2) 丁日의 卯月에는
① 卯月은 木이 왕하지만 우선 庚金으로 제목해야 한다.
② 庚金은 土의 도움을 기뻐하고 乙木이 있으면 무력해진다.
③ 甲木과 庚金이 천간에 모두 있으면 대길하다.

20) 丁丑: 식신, 묘좌

(1) 丁丑日의 성격
① 외유내강, 기상과 정신력이 총명하고 지혜가 뛰어나다.
② 여성은 생활력이 강해 남편을 먹여 살린다.
③ 남자는 박복한 운명이고 유명무실하다.
④ 여성은 자기도 비만이지만 상대도 비만이다.

(2) 丁日의 丑月에는
① 丑月은 추위가 극심하고 土가 왕할 때이므로 우선 甲木을 쓴다.
② 水多하면 戊土로 다스릴 수 있다.
③ 丙火는 조후로써 좋은 역할을 하지만 丁火의 빛을 가릴 수 있다.

21) 丁亥: 정관, 태좌, 천을귀인

(1) 丁亥日의 성격
① 용모가 좋고 마음이 소심하여 공직은 좋으나 장사는 안 좋다.
② 남녀 간 배우자는 자기보다 교육이나 교양 있는 사람이다.
③ 여성은 현명한 자 많으나 시댁하고는 안 맞는 경향이 있다.

(2) 丁日의 亥月에는
① 亥月은 한기가 시작되면 水기가 왕하므로 甲木이 필요하다.
② 壬癸水가 투간되면 戊土로 다스린다.
③ 甲木으로 생화할 때 己土가 와서 甲己合하면 역할을 못한다.

22) 丁酉: 편재, 장생좌, 천을귀인

(1) 丁酉日의 성격
① 지혜가 총명하고 명랑한 성격이 있으며 금전운이 좋다.
② 허영과 자부심 때문에 낭비심이 많고 주색을 즐긴다.
③ 여성은 시부모덕으로 일생 운명이 길하며 귀한 자식을 낳는다.

(2) 丁日의 酉月에는
① 酉月은 金기가 왕할 때 火로 다스린다.
② 甲乙木이 있어서 火를 생하면 기쁘다.
③ 壬癸水가 관살에 투간되면 재관살이 왕하여 흉하다.
④ 戊己土로 제수하며 木火의 기를 만나야 한다.

23) 丁未: 식신, 관대좌, 암록

(1) 丁未日의 성격
① 인자하며 선량하나 고독하고 복잡한 것을 싫어한다.
② 사교와 화술이 좋고 수단 방법이 있고 친절하다.

③ 남자는 정력이 왕성하여 첩을 둘 수 있다.
④ 여성은 덕이 있고 단정하며 좋은 배우자를 만날 수 있다.

(2) 丁日의 未月에는
① 未月의 丁火는 土가 왕하고 삼복생환의 때에 있어서 매우 약하다.
② 甲木을 용신으로 삼되 壬水가 도와주어야 한다.
③ 甲木과 壬水가 같이 투간되면 습목이 되어 지장이 있다.
④ 未月의 丁火는 庚金을 기뻐한다.

24) 丁巳: 겁재, 제왕좌, 협록

(1) 丁巳日의 성격
① 투기심과 요행심이 있고 정신력이 강하며 눈빛이 강력하다.
② 화가 나면 자신도 모르게 흥분하며 매사에 만첩하다.
③ 여성은 자존심이 강하여 남편에게 이기는 성격이다.
④ 남편을 위하여 여자는 고집을 부리면 안 된다.

(2) 丁日의 巳月에는
① 巳月의 丁火에 甲丙이 있으면 甲木이 丁火를 생한다.
② 甲木이 많으면 庚金이 용신이다.
③ 丁火는 丙火가 빛을 빼앗은 것을 꺼린다.

25) 戊辰: 비견, 관대좌, 태극귀인

(1) 戊辰日의 성격
① 총명하고 지혜가 있으며 똑똑하고 인자하다.
② 남의 일도 잘 봐주고 덕망이 있어 선후배가 잘 따른다.
③ 여성은 덕이 있고 단정하여 좋은 배우자를 만난다.
④ 교양이 없는 여성은 시부모도 극상하고 자기 멋대로 한다.

(2) 戊日의 辰月에는

① 辰月은 戊土가 자왕하므로 우선 甲木으로 제토한다.
② 다음으로 癸水와 丙火를 취한다.
③ 木이 많으면 庚金을 취한다.
④ 庚이 없으면 火를 써서 살인상생을 만들어준다.

26) 戊寅: 편관, 장생좌

(1) 戊寅日의 성격

① 물질에는 큰 욕심이 없고 강한 듯하나 속으로는 여리다.
② 여린 마음에 일처리가 매끄럽지 못하고 부부불화도 있다.
③ 인격이 고상하고 인품이 관후하다.
④ 명조에 乙卯가 있으면 복력이 심후하다.

(2) 戊日의 寅月에는

① 寅月의 戊土한테는 丙火, 甲木, 癸水가 필요하다.
② 丙火가 따스하기로 土을 돋우고 재관이 癸水와 甲木이 따른다.
③ 甲木이 많으면 庚金으로 제살이 아니면 丙火로 살인상생을 한다.

27) 戊子: 정재, 태좌

(1) 戊子日의 성격

① 학자 타입으로 매사 일처리를 잘한다.
② 금전운도 좋고 재산 관리를 잘하며 언변도 좋다.
③ 때로는 주색에 빠질 수도 있다.
④ 남녀 모두가 어린 시절은 허약하나 중년 이후는 건강하다.

(2) 戊日에 子月에는

① 子月은 한랭하기 때문에 조후로 丙火를 쓴다.

② 다음에는 甲木으로 丙火를 돕는다.
③ 丙火와 甲木이 천간에 모두 있으면 대길하다.

28) 戊戌: 비견, 묘좌, 태극귀인

(1) 戊戌日의 성격
① 마음은 나쁘고 의식은 충만하여 자기주장이 강하다.
② 사회적이나 가정적이나 특이한 능력을 발휘한다.
③ 저축심이 강하지만 돈이 없으면 다소 위축될 수도 있다.

(2) 戊日의 戌月에는
① 戌月은 戊土가 자왕하니 甲木이 필요하다.
② 癸水로 戊土와 甲木을 윤택하게 한다.
③ 다시 丙火로 따뜻하게 하면 만사형통이다.

29) 戊申: 식신, 병좌, 복성귀인

(1) 戊申日의 성격
① 강직하여 정치가 성질이다.
② 심장이 강하여 큰 인물이 되고 식복이 따르며 친절하다.
③ 사업을 한다면 크나큰 실속이 있을 것이다.
④ 여성은 남편 복이 희박하고 백년해로하기가 어렵다.

(2) 戊日의 申月에는
① 申月은 한기가 시작하므로 丙火를 쓴다.
② 다음에 癸水로 윤택하게 한다.
③ 甲木으로 申이 조화를 이루어야 한다.

30) 戊午: 인수, 제왕좌, 협록

(1) 戊午日의 성격
① 조급하고 냉철하나 총명하고 허영심도 있다.
② 인덕과 재물복도 있으며 덕망도 좋다.
③ 운은 순조로우나 부부 이별 수가 있다.
④ 타향살이와 정력이 좋아서 첩을 둘 수도 있다.

(2) 戊日의 午月에는
① 午月은 양인월이며 먼저 壬水를 쓰고 癸水로 돕는다.
② 水의 수원지가 좋고 다음에 甲木으로 제토한다.
③ 壬水가 없다면 甲木이 분목이 될 수 있다.
④ 午月이라도 丙火는 필요하다.

31) 己巳: 인수, 제왕좌, 협록

(1) 己巳日의 성격
① 독단적인 성품이며 권력성이 강대하다.
② 기능적 방면에 남을 무시하는 경향이 짙다.
③ 예술 방면에서도 소질이 있고 안정된 생활을 원한다.
④ 독립 정신이 강하여 자수성가하는 성격이다.

(2) 己日에 巳月에는
① 己日은 火가 성해지므로 癸水가 필요하다.
② 다음에 庚辛金으로 癸水를 돕는다.
③ 巳月이라도 작물의 성장을 위해서 丙火가 필요하다.

32) 己卯: 편관, 병좌, 천복귀인

(1) 己卯日의 성격

① 남을 멸시하는 성품과 마음이 소심하고 약하다.
② 대중 앞에서는 수줍어 자기주장을 펴지 못한다.
③ 청소년 시절에는 양친과 생사이별이 있을 수 있다.
④ 때로는 공상이 많고 과로와 무력해질 수도 있다.

(2) 己日의 卯月에는

① 卯月은 木이 왕할 때이므로 우선 丙火로 생토한다.
② 甲木으로 丙火를 도우며 癸水로 윤택하게 한다.
③ 갑목이 투간되면 기토와 합이 되면 관이 무정하다.
④ 丁火가 왕한 木을 설하면 庚金보다 丁火를 쓴다.

33) 己丑: 비겁, 묘좌, 태극귀인

(1) 己丑日의 성격

① 마음은 착실하고 겸손하며 양심적이다.
② 희생적이며 인내심도 강하고 사회활동도 좋다.
③ 가난하게 자란 사람은 중년 이후가 좋아진다.
④ 재복이 있고 저축심이 많아 재정공무원, 기능공으로 출세한다.

(2) 己日에 丑月에는

① 丑月은 냉한이 왕하므로 丙火를 취한다.
② 다음에 甲木이 제토생화의 공이 있다.
③ 水가 왕할 때라 겁재 戊土로 제수할 수 있다.

34) 己亥: 정재, 태좌

(1) 己亥日의 성격

① 지나친 고집과 허욕이 있으며 친구와 놀기를 좋아한다.

② 주색을 탐하나 저축성이 강해서 재산을 모을 수 있다.
③ 언변이 좋고 실속이 있고 현실적이며 부지런하다.
④ 부모와 형제의 인연이 약하고 시부모와 남편에게 고집이 있다.

(2) 己日의 亥月에는
① 亥月은 겨울이고 水가 왕해서 丙火가 필요하다.
② 다음에 甲木으로 설수행화하며 戊土로 제수한다.
③ 다만 寅中丙火나 己中庚金는 寅申冲, 巳亥冲이 두렵다.

35) 己酉: 식신, 장생좌, 천추귀인

(1) 己酉日의 성격
① 항상 근심이 있고 상냥하고 친절하다.
② 대화를 즐기지만 너무 치밀하고 세심하다.
③ 차남이라도 상속은 많이 받고 형제와 인연이 좋다.

(2) 己日의 酉月에는
① 酉月은 金이 왕하고 土의 설기가 심해서 丙火를 쏜다.
② 다음에 癸水로써 己土를 윤택하게 한다.
③ 왕한 金기를 설기시켜 甲木을 생하면 丙火가 좋다.
④ 지지가 金局을 이루면 丙丁火와 癸水가 투간되어야 한다.

36) 己未: 비견, 관대좌, 태극귀인, 복성귀인, 암록

(1) 己未日의 성격
① 마음이 유순하여 거짓 없고 야무지며 빈틈이 없다.
② 철저한 성격으로 모든 일에 어려움을 극복하는 인내가 있다.
③ 형제지간에 의리와 깊은 정이 있다.
④ 흉성이 있으면 사기성이 투기를 발휘하다가 부정이 있다.

(2) 己日의 未月에는
① 未月은 더위와 건조함이 왕해서 癸水로 다스린다.
② 庚辛金으로 癸水를 도우며 왕한 土를 설기해야 한다.
③ 金水가 있으면 丙火로 제금이 필요하다.

37) 庚午: 정관, 목욕좌, 복성귀인, 천관귀인

(1) 庚午日의 성격
① 인물이 투출하여 관공직에 길하다.
② 겉으로 큰소리치고 직접 당하면 처리를 못한다.
③ 여성은 부부불화가 있고 사회활동을 많이 한다.
④ 남녀 간에 배우자의 직업이 안정치 못하다.

(2) 庚日의 午月에는
① 午月은 더위가 왕할 때이므로 壬癸水가 필요하다.
② 庚辛의 비겁으로 壬癸水가 필요하다.
③ 戊己土가 水를 제어하면 흉하다.
④ 土가 있어 水가 없으면 관인상생이지만 귀격은 힘들다.

38) 庚辰: 편인, 양좌

(1) 庚辰日의 성격
① 의협심이 강하고 허풍과 과장이 심하며 약자를 돕는다.
② 여성은 부부불화가 있거나 사회활동을 하며 금전운은 평범하다.
③ 모두 어린 시절에 생모 이외의 양육을 받거나 양자가 될 수 있다.

(2) 庚日의 辰月에는
① 辰月은 土가 왕한 때므로 甲木으로 제토한다.
② 다음에 丁火로 庚金을 다스린다.

③ 土가 왕한데 甲木이 없고 乙木이 있으면 제토가 어렵다.

39) 庚寅: 편재, 절좌, 태극귀인

(1) 庚寅日의 성격
① 허영심이 많고 금전을 경시하며 호탕과 풍류를 즐긴다.
② 정치적이나 외교적인 활동이 적합하다.
③ 허리나 관절에 아픈 질환이 있다.
④ 다소 호색한 면이 있고 남의 말을 잘 듣지 않는다.

(2) 庚日의 寅月에는
① 寅日은 한기가 남아 있어서 丙火로 조후한다.
② 戊土로 생금하여 寅月의 木을 다스린다.
③ 土가 왕하면 甲木으로 다스린다.
④ 지지가 火국을 이루면 壬水가 필요하다.

40) 庚子: 상관, 사좌

(1) 庚子日의 성격
① 마음이 좋다고 생각되면 빨리 처리하는 습성이다.
② 성격이 강하여 가끔 시비, 구설이 따른다.
③ 여성은 남편 복이 없어 생활전선에 뛰어든다.

(2) 庚日의 子月에는
① 子月의 庚金은 진상관이며 한랭하다.
② 丙丁甲을 떠날 수가 없다.
③ 甲木이 있어도 丙丁火가 없으면 뜻은 이루기 힘들다.

41) 庚戌: 편인, 쇠좌, 금여록, 홍염살

(1) 庚戌日의 성격
① 자비심이 있고 앞에 서기를 싫어하며 고집이 있다.
② 조상의 유산을 지키며 대장부 기질에 정의감이 있다.
③ 남의 일을 도우며 무공의 특기가 있다.
④ 여성은 고집이 있고 남의 충고를 잘 듣지 않는다.

(2) 庚日의 戌月에는
① 戌月은 건토가 왕한 때이므로 甲木으로 제토한다.
② 壬水로 흙을 씻고 丁火로 제련한다.
③ 土가 왕한데 甲木이 없으면 부가 오래가지 못한다.

42) 庚申: 비견, 건록좌

(1) 庚申日의 성격
① 마음이 담백하여 총애를 받으며 결단력도 있다.
② 부부 운이 좋지 않아 이별 수가 있으며 재물복도 약하다.
③ 차남은 장남 노릇을 하기 쉽다.
④ 여성은 남편하고 동등하게 생각한다.

(2) 庚日의 申月에는
① 申月의 庚金은 매우 강해서 丁火로 다스린다.
② 丁火는 필히 甲木의 도움을 받아야 한다.
③ 甲木과 丁火 둘 중 하나만 있으면 격이 떨어진다.

43) 辛未: 편인, 쇠좌

(1) 辛未日의 성격
① 자비심이 있지만 성질이 까다롭다.

② 기계적이고 분석적이면서 세밀한 성격이다.
③ 학문을 즐기며 기술면에 소질이 뛰어나다.
④ 선대만 못하지만 후년에 많은 발전이 있다.

(2) 辛日의 未月에는
① 未月은 덥고 土가 왕한 때이므로 壬水와 庚金을 쓴다.
② 未月의 辛金은 지지에 辰, 丑, 土가 있으면 좋다.
③ 戊土가 壬水를 극하면 甲木으로 戊土를 다스린다.

44) 辛巳: 정관, 사좌, 복성귀인

(1) 辛巳日의 성격
① 결단력은 부족하나 성급하며 판단력이 빠르다.
② 쓸데없는 걱정을 많이 하여 노력은 많고 공은 적다.
③ 여자는 남편 덕은 좋고 운이 좋고 사치를 좋아한다.
④ 단정하고 품위가 있고 자존심이 강해 강직한 편이다.

(2) 辛日의 巳月에는
① 巳月은 丙火와 戊土가 왕하므로 壬水를 써야 한다.
② 먼저 壬水를 써서 건조함을 다스리고 辛金을 씻어준다.
③ 壬水가 약하면 庚辛金으로 돕고 戊土가 壬水를 위협하면 甲木으로 제토한다.

45) 辛卯: 편재, 절좌

(1) 辛卯日의 성격
① 마음은 고우나 급할 때는 급하고 침착할 때는 침착하다.
② 날카로운 성격으로 맺고 끊는 것이 분명하다.
③ 매사가 곧은 편이라 인자함은 길어야 한다.

④ 때로는 호색과 방탕으로 신용을 상실한다.

(2) 辛日의 卯月에는

① 卯月은 木이 왕해 土金으로 辛金을 돕는다.
② 다음 壬水로 辛金은 빛을 낸다.
③ 戊己土가 많으면 甲木으로 다스린다.

46) 辛丑: 편안, 양좌

(1) 辛丑日의 성격

① 정력이 왕성해서 때로는 색을 좋아한다.
② 마음이 곱고 깔끔하지만 고집이 세고 지기 싫어한다.
③ 재물 운은 좋지 않으나 활동은 많은 편이다.
④ 부부 운이 좋지 않고 남녀 모두 양자의 운을 가지고 있다.

(2) 辛日의 丑月에는

① 丑月은 한기나 극에 달해 丙火로 시급히 조후한다.
② 丙火가 약하므로 甲木으로 생해주어야 한다.
③ 다음에 壬水로써 辛金은 빛을 내야 한다.

47) 辛亥: 상관, 목욕좌, 금여록

(1) 辛亥日의 성격

① 얼굴과 피부가 맑고 심성이 깨끗하나 구설이 있다.
② 남자는 예술을 좋아하고 재복도 있다.
③ 여자는 남편과 인연은 약하나 정조관념이 강하다.
④ 남녀 공히 서로 양보심이 없이 자기 멋대로 행동하는 수가 있다.

(2) 辛日의 亥月에는

① 亥月의 辛金은 먼저 壬水를 쓰고 다음에 丙火를 쓴다.

② 壬水와 丙火가 투간되면 대길하다.
③ 水가 많으면 戊土로 다스린다.

48) 辛酉: 비견, 건록좌, 협록

(1) 辛酉日의 성격
① 여성은 고집이 세어 남편과 살기가 힘들다.
② 초년 운에 불미하나 말년 운에 행복하다.
③ 자존심이 강하고 성질이 깔끔하고 고집이 세다.
④ 장소에 따라 돈을 잘 쓰며 재치 있고 똑똑하다.

(2) 辛日의 酉月에는
① 酉月은 金기가 가장 왕한 때이므로 壬水가 필요하다.
② 壬水가 없으면 丁火로 제금한다.
③ 甲木이 丁火를 생해주면 좋다.

49) 壬申: 편인, 장생좌, 태극귀인

(1) 壬申日의 성격
① 인자하나 반면에 차갑고 냉정하며 신경질적이다.
② 건강이 좋지 않아 음식에 탈이 나고 돈을 경시한다.
③ 신체적으로 허약하고 부부 이별 수도 있을 것이다.

(2) 壬日의 申月에는
① 申月은 壬水의 수원지이므로 戊土로 제방을 쌓는다.
② 丁火로 申中庚金을 제금하고 戊土를 생한다.
③ 癸水가 투간되면 丁火를 극하고 戊土와 합을 이룬다.

50) 壬午: 정재, 태좌

(1) 壬午日의 성격
① 새로운 일을 시작하기 좋아한다.
② 처복이 있고 의식주 걱정이 없으며 재물 복이 있다.
③ 돈 쓰기 아까워 경제적으로 절약형이다.

(2) 壬日의 午月에는
① 午月은 화기가 극심하므로 壬癸水로 화기를 제압한다.
② 庚辛金으로 水를 돕는다.
③ 午月 壬水한테 丁火가 투간되면 나쁘다.

51) 壬辰: 편관, 묘좌, 복성귀인

(1) 壬辰日의 성격
① 인색하며 솔직담백하고 사치와 허영심이 있다.
② 여성은 남편이 집안에 소홀히 하면 불화가 생긴다.
③ 남편에게 지지 않는 성격이 가정에 파탄을 초래한다.

(2) 壬日의 辰月에는
① 辰月은 수고(水庫)이지만 戊土가 왕한 때라 甲木으로 제토한다.
② 庚金으로 壬水를 생한다.
③ 지지에 수국이면 戊土로 제수하고 丙火로 제금한다.

52) 壬寅: 식신, 병좌, 천주귀인

(1) 壬寅日의 성격
① 음식과 인연이 있고 식복이 있어 잘 먹고 놀기를 좋아한다.
② 여성은 자녀를 잘 두고 마음이 넓고 재물복도 있다.
③ 부부 인연은 서로 노력해야 유지할 수 있다.

(2) 壬日의 寅月에는
① 寅月은 壬水가 실령이므로 水의 근원은 庚金을 돕는다.
② 戊土로써 생금제수하며 丙火로 조후한다.
③ 寅中戊丙이 있으므로 庚金만 투간되면 상격이다.

53) 壬子: 겁재, 제왕좌, 홍염살

(1) 壬子日의 성격
① 속이 깊고 이해심과 통솔력이 강하며 포용력도 있다.
② 유흥업이나 물장사에 수완이 있고 부부 인연도 약하다.
③ 사업은 기복이 심하고 자식은 속을 썩인다.

(2) 壬日의 子月에는
① 子月은 양인월이므로 水가 왕하니 戊土로 제수한다.
② 丙火로 조후하고 戊土를 돕는다.
③ 지지가 화국을 이루어 신약하면 금수 운으로 가야 한다.

54) 壬戌: 편관, 관대좌, 협록

(1) 壬戌日의 성격
① 온화하고 쾌활하며 활동적이나 생각이 적다.
② 노력보다 공이 적고 사람에 따라 비천하기도 하다.
③ 여성은 관대가 2개 있으면 많은 사람에게 비웃음을 당한다.
④ 대신에 교양이 없으면 자유분방하다.

(2) 壬日의 戌月에는
① 戌月 戊土가 왕한 때라 壬水가 뻗어가지 못한다.
② 甲木으로 제토하고 丙火로 壬水를 빛내준다.
③ 戌月 壬水한테 甲木이 없으면 관인 상생이 가능하다.

55) 癸酉: 편인, 병좌

(1) 癸酉日의 성격
① 술을 즐기며 항상 공상을 많이 하고 남을 의심한다.
② 여성은 사랑과 귀여움을 받으며 조용히 살기를 원한다.
③ 부부 인연은 약하고 질병에 시달릴 수도 있다.

(2) 癸日의 酉月에는
① 酉月은 순금이 왕한 때라 癸水가 왕해진다.
② 丙火로 金과 水를 따뜻하게 해준다.
③ 丁火를 쓰면 辛金을 녹이므로 丙火를 써야 한다.

56) 癸未: 편관, 묘좌

(1) 癸未日의 성격
① 양친과 이별 수가 있고 거처가 일정치 않다.
② 몸이 나약하며 남에게 이용당하기 쉽다.
③ 남성은 복록이 약해 가정을 지키기 어렵다.
④ 여성은 부부 운이 순탄치 않아 재취로 가면 무관하다.

(2) 癸日의 未月에는
① 未月에는 庚辛金이 있고 壬癸水가 필요하다.
② 여름의 癸水한테는 丑辰의 습토가 있으면 좋다.

57) 癸巳: 정재, 태좌, 천을귀인, 태극귀인

(1) 癸巳日의 성격
① 인품이 바르고 총명하며 계산이 빠르다.
② 장부 정리와 내부 관리에 능력이 있다.
③ 남성은 처복이 있고 가정적이며 내성적이다.

④ 여성은 부부 운이 순탄치 못하고 이별 수도 있다.

(2) 癸日의 巳月에는

① 巳月에는 癸水가 약하므로 庚金으로 돕는다.
② 丁火가 金을 극하면 壬癸水로 정화를 다스려야 한다.
③ 金水가 많으면 丙火와 戊土가 귀하게 쓰인다.

58) 癸卯: 식신, 장생좌, 복성귀인, 천추귀인

(1) 癸卯日의 성격

① 음식 솜씨가 좋고 머리가 좋으며 예술, 문학에 소질이 있다.
② 남성은 주색을 즐기며 의지력은 약하다.
③ 여자는 남편에게 헌신적으로 충실하지만 불만이 있다.

(2) 癸日의 卯月에는

① 卯月은 木이 왕할 때라 癸水가 설기가 심하다.
② 庚辛金으로 癸水를 돕는다.
③ 卯月은 한기가 없으므로 丙火는 필요치 않다.

59) 癸丑: 편관, 관대좌, 암록

(1) 癸丑日의 성격

① 총명하고 활발하지만 소극적이다.
② 학문에 열중하여야 길하게 된다.
③ 여성은 질서와 예의를 잘 지키며 형제간에 의리가 있다.
④ 부부지간은 고집이 세서 이별 수가 있다.

(2) 癸日의 丑月에는

① 丑月은 냉기가 심하여 丙火를 써야 한다.
② 甲木으로 동토를 제압하며 丙火를 돕는다.

③ 지지가 금국을 이루면 丁火로 제금하고 丙火로 조후한다.

60) 癸亥: 겁재, 제왕좌 협록

(1) 癸亥日의 성격

① 외모는 침착하고 얌전하나 속마음은 개방적이다.
② 겉과 속이 다른 이중성이 있다.
③ 부부 운도 순탄치 못하며 손재수도 있을 수 있다.
④ 정신력이 강하고 부부의 인연은 깊은 정이 있다.

(2) 癸日의 亥月에는

① 亥月은 월지 亥中에 甲木이 있어서 癸水가 강중약이다.
② 水가 왕한데 壬水까지 투간되면 戊土로 제수한다.
③ 지지가 목국이면 庚辛金으로 다스리며 癸水를 생한다.
④ 간지에 金이 많아 癸水가 생왕하면 丁火로 제금하고 丙火로 조후한다.

12장

사주학의 활용편

1 논명의 순서

사주를 보는 것은 한 사람의 부귀, 빈천, 지위, 직업, 이성, 가정의 육친에 대해 일생의 중대한 사항과 길흉을 판단하여 흉을 피하고 길함을 추구하도록 하기 위함이다.

그러나 사주팔자를 적어놓고 천간지지의 오행과 육신을 뽑고 대운을 적어놓고도 잘 판단이 되지 않는 것은 정말 안타까운 일이다.

논명의 순서는 ① 격국을 정한다 ② 용신을 정한다 ③ 희·기을 밝힌다 ④ 판단을 내린다는 네 가지 단계를 거치며 기타의 사주학 이론은 이 네 가지 과정을 위한 보조 역할이다.

1) 격국을 정한다

격국이란 그 사람의 그릇의 크기를 알고 용신으로 그 사람의 운세에 길흉을 안다. 격국의 종류 및 작용은 앞에서 설명한 바 있다.

여기서는 논명의 순서에서 맨 첫 번째 과정인 격국을 정하는 것을 간단히 예를 들어 설명하기로 한다.

⇨ **예시**

| 甲甲庚戊
子子申辰 | 칠살격이다. 일간 甲木이 申월에 태어나고 월지중에 지장간 庚, 戊, 壬 중에 庚과 戊가 천간에 투출했다. 투출한 庚, 戊 중에서 庚의 역량이 가장 강하다. 왜냐하면 월지의 본기일 뿐만 아니라 戊, 辰의 土가 庚金을 생조하기 때문이다. 甲木의 칠살인 庚金이 투출하여 칠살격이다. 지지가 申子辰水局이 되어 庚金의 기운을 金生水로 받아들여 다시 水生木해주니 칠살의 기가 결국 木을 생하는 형세가 되었다. 오행이 상생하여 유정하다. 즉 살이 중한데 이를 용했다는 뜻이다. 그러므로 인성인 水가 이 사주의 용신이다. |

2) 용신을 정한다

사주학의 대부분의 이론은 용신을 찾아내기 위해 개발된 것이며, 용신을 찾는 것은 용이한 일이 아니다. 용신을 찾아내는 가장 좋은 방법이 바로 격국 이론인 것이다.

격국을 모르고 용신을 정하려고 하면 헛고생 하는 결과가 되기 쉽다. 일반적으로 용신을 정하려고 하면 먼저 격국을 분석하고 일간의 왕쇠강약과 천간의 생국합화 및 충합, 화, 형, 등의 상태를 살펴야 한다. 그런 후에 내격(팔정격)과 외격을 구분하여 각각 법칙에 따라 용신을 찾아내야 한다. 사주에서 용신이 힘이 있으면 상격이고 성격이 되므로 부귀하고 용신이 무력하면 하격이고 빈천하다. 용신이 없는 경우는 더욱 빈천하고 흉하다.

➡ **예시**

1	辛丁丁丙 亥酉酉子	일간 丁火가 酉월에 생하고 酉의 지장간 辛金 편재가 시간에 투출했으니 편재격이다. 丙·丁火가 천간에 무리를 지었다고는 하지만 지지에서는 金水가 세력이 강하다. 비록 월지가 장생지라고 하나 편재이니 도움이 안 되며 金水에 비해 화가 약하니 재관이 왕하다. 그러므로 亥의 지장간 甲木와 천간의 丙·丁火를 용신으로 삼는다.
2	己丙甲癸 亥戌子未	일간 丙火가 子월에 태어나고 子의 지장간 癸水정관이 연간에 투출했으니 정관격이다. 지지에 亥水가 있어 왕하다. 일간 丙火가 비록 일지에 화고인 戌土를 깔고 앉았고 未의 지장간 丁火의 도움을 받고 있다고는 하지만 水와 두 세력을 비교하면 수성화쇠이다. 그러므로 월간 甲木 편인이 水를 흡수하고 火를 생조하니 甲木이 용신이 된다.

이상에서 격국과 용신이 어떻게 관련되는지 살펴보았다.

정관격에 재 또는 인을 대동하고 있을 경우에 재가 있고 재가용신이 될 때에는 정관용재격이라고 하며, 정관격에 인이 있어서 그 인이 용신이 될 때에는 정관용인격이라고 한다. 신약하면 인을 쓰고 신왕하면 재를 쓴다. 상관격에서 인을 용신으로 하면 상관용인격이고 상관격에 재를 용신으로 하면 상관용재격이라고 부르는데 다른 격국도 이렇게 응용하여 부른다.

3) 희기를 밝힌다

희기를 분간하는 것은 다음과 같이 두 종류로 나누어 생각한다.
① 사주의 희기 ② 대운의 희기
사주에서 용신을 생조하고 부조하는 것이 희신이고 용신을 극제하는 것이 기신이다.

⇨ 예시

1	己丙甲癸 亥戌子未	이 사주는 월간 甲木이 용신이 된다. 왜냐하면 일간 丙火는 신약하고 관살 壬癸水가 왕하므로 반드시 木火로써 일간을 도와 강하게 해야 된다. 甲木을 용신으로 삼으면 水生木, 木生火를 하여 水가 火를 직접적으로 극하지 못한다. 가장 꺼리는 것은 金水가 용신과 희신과 일간을 극하는 것이다. 그래서 金水가 기신이 된다. 이 사주는 동남 木火 운에서 크게 좋고 서북 金水 운에는 불리하다. 요약해서 사주에서 희신, 기신을 가리는 것은 용신을 찾고 나서 가능한 것이다. 운을 보는 요령도 사주에서 희·기를 밝히는 것과 마찬가지이다. 다만 사주보다 복잡할 수 있다. 희·기를 밝히는 것은 용신을 찾는 것보다 쉬운 과정이라고 볼 수 있다.
2	丙乙乙甲 子亥亥午	일간 乙木이 亥월에 태어나고 천간에 甲乙이 있고 지지에 두 개의 甲木이 두 개의 亥 속에 들어 있다. 亥子水가 왕하여 木을 생조하니 사주에 木과 水가 많다. 金기는 전무하다. 당연히 시간 丙火가 연지 午火에 통근하므로 용신을 삼는다. 丙火는 강한 木의 기운을 뽑아내고 한겨울에 추운데 따뜻한 丙火가 있어야 한다. 또한 조후용신도 겸한다. 이 사주는 남방에서 크게 이롭고 동북방은 해롭다.

그런데 용신과 기신과 희신의 관계에 대해 다른 이론도 있다. 기존 학설에서는 용신을 극하는 것이 기신이고 용신을 생조하는 것이 희신이며 기신을 생조하는 것이 구신이며 용신도 구신도 기신도 아닌 것을 한신이라고 한다. 그러나 기존 학설보다 먼저 기신이 있은 후에 그 기신을 처리하기 위하여 용신이 있고 용신을 극하는 병신이 있은 후에 그 병신을 극하는 약신이 있으며 용신은 생조하는 것이 희신이라고 볼 수 있는 것이라 보는 관점에 따라서 희기를 쉽게 용출할 수 있는 것이다.

4) 판단을 내린다

사주를 적고 격국을 정하고 희기를 밝힌 후에 최종적으로 판단을 내려야 한다. 사주를 보는 것은 사주를 판단하기 위함이다.

그 사주의 육친, 개성, 체격, 지위, 성격 등을 판단하고 운과 대조하여 언제 길하고 흉한지 판단해야 한다. 사주의 판단은 사주 간지의 위치와 오행의 희기와 대운의 희기를 위주로 한다.

(1) 연주에 용신이 있으면 조상과 가문의 음덕이 있다.
(2) 월주에 희·용신이 있으면 부모, 형제의 도움이 크다.
(3) 일지에 용신이 있으면 배우자가 현숙하고 도움이 크다.
(4) 시지에 용신이 있으면 자식이 잘되고 효도도 잘한다.

등으로 크게 약식으로 판단할 수 있다.

또 다른 판단은 육친으로 한다.

(1) 재성이 희·용신이면 부친과 처덕이 있고 돈복도 있다.
(2) 관성이 희·용신이면 사회적 지위에 오르고 귀하게 된다.

재성은 돈과 처를 뜻하고 관살은 권력과 귀를 뜻한다. 나머지도 이와 같이 판단할 수 있다. 또한 음양오행의 생극제화를 보고 득실과 성패를 판단해야 한다. 요약해서 사주를 판단할 때는 육친, 개성, 지위, 성격을 대체적으로 알 수 있을지라도 사주에만 의지하지 말고 대운과 세운 및 후천적인 시간과 공간 현상을 참작하여 판단한다. 또한 대운과 세운과 월운까지도 세밀하게 봐서 언제 어느 사건이 어떻게 발생할지를 정확히 추명할 수 있어야 한다. 이상과 같이 논명의 순서를 설명했지만 좀 더 정확히 논명할 수 있는 경험을 둘 수 있다.

2 논명을 위한 육친

1) 육친을 보는 분야

육친을 판단하기 위해서는 성(육신), 궁(자리), 운(변화)의 세 가지로 나누어 설명할 수 있다. 성은 육신을 육친에 배정시키는 것이고 궁이란 사주의 위치에 따라서 육친을 배정시킨 것이고 운이란 세운, 대운을 보고 육친을 판단하는 방법이다.

★ 성(星)
- 일간은 사주의 당사자, 즉 자기 자신이다.
- 비겁 겁재는 형제자매를 뜻한다.
- 여자 사주에서 식신, 상관은 자녀를 뜻한다.
- 남자 사주에서 정재는 정처를 뜻하고 편재는 첩 또는 부친을 뜻한다.
- 여자 사주도 편재는 부친으로 본다.
- 일간을 극하는 오행에는 정관과 칠살이 있다.
- 여자 사주에 정관은 남편이고 칠살은 정부 또는 재혼한 남편이다.
- 여자 사주에 정관이 없고 칠살만 있으면 남편으로 본다.
- 남자 사주에 정관과 칠살은 자녀를 뜻한다.
- 일간을 생해주는 정인은 생모가 되고 편인은 계모, 이모, 양모가

된다.

이상에서 육신을 육친으로 지면상 간략하게 설명하였다. 육신끼리의 상극관계에서 반드시 유의해야 할 두 가지 사항이 있다. 그것은 인성이 식상을 극하는 것과 비겁이 재를 극한다는 것이다.

여자 사주에 식신, 상관은 자녀를 뜻한다. 그러므로 여자 사주에 인성이 많으면 자녀에게 불리하다. 또 비겁이 재를 극한다. 남자 사주에 재성은 처를 뜻하므로 비견, 겁재가 많으면 부부불화하고 특히 일지가 기신이면서 비겁이면 극처, 이혼, 재혼, 배신 등의 흉이다. 그러므로 여자 사주에서 재성이 있어서 비겁을 제압해 주는 것이 필요하다. 사주학은 언제나 변화와 응용을 중요시하는 학문이다. 그러므로 재, 관, 인, 식의 4길신도 흉한 작용을 할 수 있고 살, 편인, 상관, 양인의 4흉신도 특수한 경우에는 길한 작용도 할 수 있는 것이다. 문제는 사주의 구조를 전체적이고 거시적인 안목에서 보는 것이다. 재성이 길성이지만 재다신약인 경우와 인성이 용신이 경우에는 최악의 흉성이 되는 것이다.

- 누가 정관을 무조건 길하다고 하는가!
  비겁이 용신인 사주에서는 흉한 작용을 하는 것이다.
- 누가 인수가 길하다고 하는가!
  신강하여 상관을 용신으로 할 때 인수가 있으면 병신으로 돌변한다.
- 누가 식신을 길하다고 하는가!
  재다신약인데 식신이 있다면 최악의 흉성이 될 것이다.
- 누가 칠살을 흉하다고 하는가!
  양인이 나쁜 작용을 할 때 칠살이 있다면 좋은 것이다.
- 누가 편인을 흉하다고 하는가!
  신약할 때 편인도 부근을 할 수 있는 것이다.
- 누가 양인을 흉하다고 하는가!
  칠살이 있어서 신약할 때 양인은 최고의 효용을 발휘한다.

2) 궁

연주는 조부모와 조상을 대표하는 궁이다.

연주에 희·용신이 있으면 조부모의 덕도 있고 유산도 있다. 이와 반대로 기신이 있으면 조상이나 조부모의 덕이 없다.

월주는 부모 및 형제를 보는 궁이다.

월주에 희·용신이 있으면 부모와 형제의 도움이 있고 기신이 있으면 도움이 없고 자수성가를 할 수도 있을 것이다.

일지는 배우자궁이다.

일지가 희·용신이 되면 남편이나 아내를 잘 만난다. 일지가 기신이 되면 배우자가 시원치 않다. 특히 남자의 경우 비겁이면서 기신이면 배우자와 이별할 가능성이 많고 여자일 경우 일지가 상관이면서 기신이면 남편 덕이 없고 생리사별할 가능성이 많다. 이것은 배우자를 대표하는 육신인 남자는 재성 여성은 관성을 배우자궁에 대입했을 때 배우자를 뜻하는 육신이 일지의 오행에 의해 극을 당해 무기력하게 되기 때문이다.

시주는 자녀궁이다.

시주가 일간의 희·용신이면 자녀가 총명하고 출세하며 효도도 잘한다. 시주에 기신이 있으면 자녀가 부족하고 변변치 못하여 불효한다. 남자의 경우에 관살은 자식을 대표하는 육신이다. 따라서 시주에 식상이 있고 그 식상이 기신이면 자녀에게 의지하기 어렵다. 여자의 경우에 인성이 있고 인성이 기신이면 자녀에게 기대할 필요가 없다. 그 이유는 자녀를 대표하는 육신인 식상이 자녀궁인 시주의 인성에게 극을 받아 무력하기 때문이다.

궁을 볼 때는 특히 지지의 충을 고찰해야 한다.

일지와 월지가 충하면 고부간의 갈등이 있다. 이것은 일지는 배우자궁이고 월지는 모친궁으로 보기 때문이다.

일지와 시지가 충하면 배우자와 자녀 모두에게 도움이 안 된다. 이것은 일지는 배우자궁이고 시지는 자녀궁이고 일지를 충하면 부부간에도 불화가 많고 좋지 않다는 것이다.

3) 운

대운과 한운을 가지고 육친을 판단한다. 어렸을 때는 부모에 의지한다. 어렸을 때의 길흉화복 및 육친에 대한 판단은 부모궁인 연주와 월주를 가지고 판단함과 동시에 어렸을 때의 대운에 희·용신이 있으면 부모의 도움이 크다. 중년 운은 일지와 대운을 보아서 희·용신이 있으면 길하다고 판단한다. 노년에는 자녀궁을 보고 노년기의 대운을 보고 판단하고 그해 세운도 보고 대운에 비교해서 정확히 판단을 내려야 한다.

3 육신과 육친의 관계

1) 조부모와 조상을 판단하는 법

현대사회는 부부 중심의 시대이다. 따라서 반드시 부부를 먼저 보아야 한다. 왜냐하면 부부는 육친 중에서 가장 가깝게 지내며 길흉을 함께 나누는 관계이기 때문이다. 그러므로 자녀는 품안에 있을 때만 나의 영향력 아래 있는 것이고 부모는 내가 결혼하여 분가하기 전까지만 운명에 영향을 미친다. 하물며 조상과 조부모에 대한 문제는 적중률이 떨어진다. 조상과 조부모를 보는 법은 많지만 현대인에게는 관심 밖의 영역이다.

그래서 조상과 조부모를 보는 법을 간단히 조율해 본다.

(1) 연주에 희·용신이 있으면 조부모가 부귀했고 조상의 유산이나 조부모의 가업을 계승하거나 조상과 인연이 깊다고 판단한다.

(2) 연주가 희·용신이 있으면 그 가문 중에 자신이 조상의 묘지나 제사의 인연이 있어 그 일을 주관한다고 판단한다.

(3) 연주가 기신이면 조상과 조부모하고 인연이 멀어서 찾아뵙지 못하고 조상도 부정적으로 생각할 수도 있다.

2) 조부를 판단하는 법

편인(偏印)은 조부성(祖父星)이다.

자기 사주에서 편인을 찾아 편인에 뿌리가 있든지 월지에 생왕을 받든가 길성이 있든가 합하여 길하게 되면 조부가 훌륭한 분이셨고 살아계셔도 건강하시며 또한 가문은 명문집안이라고 볼 수 있다.

(1) 편인에 형충파가 있으면 수명이 짧고 질병으로 고생하거나 신체이상이 있을 수 있다.

(2) 편인에 공망이 있으면 일찍 돌아가시거나 질병으로 고생했다.

(3) 편인에 괴강, 백호대살이 있으면 교통사고나 암 질환에 괴질로써 단명하셨거나 피 흘리는 흉사를 다하시게 된다.

(4) 편인에 12운성 가운데 사, 묘, 절이 있으면 할아버지의 힘이 무력하시거나 그때의 가정이 빈곤하다고 볼 수 있다.

(5) 편인이 있고 비겁이 많고 설기가 되면 조부의 신체가 허약하며 수명도 단명하고 살아 계셔도 질병으로 고생하게 된다.

(6) 자기 사주에 연과 월이 형충파가 되든지 연지, 월지가 공망이 되면 조부와 부친이 각거하셨고 불화하면서 원만치 못한다.

3) 조모의 판단법

상관은 조모(祖母)성이다.

자기 사주에서 상관을 찾아 상관에 뿌리가 있든지 월지에 생왕을 받든가 길성이 있든가 합하여 길하게 되면 할머니가 훌륭한 분이었고 또 성품은 효부이셨으며 인품도 훌륭하다고 본다.

(1) 상관에 형충파가 있으면 조모가 단명하거나 살아 계셔도 질병으로 고생하시게 된다.

(2) 상관에 공망, 괴강살, 백호살이 있으면 조모가 여러 가지 질병이나 단명하거나 흉사를 당하고 집안 형편도 여의치 못하다.

(3) 상과에 12운성 가운데 사, 묘, 절이 되면 조모의 힘이 무력하거나 가정이 빈한하다고 본다.

(4) 자기 명조에 연지와 월지가 형충파해가 되면 조모와 모친 사이가 정이 없으며 별거하든지 이별까지도 할 수 있다.

(5) 자기 사주에 상관이 조모가 되는데 조모의 남편은 편인이 무기하고 형충파해가 되든지 공망이 되면 조부와 일찍이 사별하고 재가도 할 수 있다고 본다.

(6) 자기 사주에 상관이 조모성인데 식신, 상관에 화개살이 있든지 상관이 亥水, 酉金, 戌土가 되어 있어도 조모가 보살, 점술가, 신자가 되었다고 볼 수 있다.

4) 부친의 판단법

편재는 부친(父親)성이다.

정재는 부친의 형제, 백부, 숙부, 고모가 된다.

자기 사주에서 편재를 찾아 편재에 뿌리가 있든가 월지에 생왕받든가 길성이 있든가 합하여 길하게 되면 부친은 훌륭한 분이시고 사업이 번창하였으며 부귀복록이 풍족하다고 볼 수 있다.

(1) 편재에 형충파해가 있으면 아버지를 일찍 여의거나 살아 계셔도 질병으로 고생하시며 생활도 원만하지 못하다.

(2) 편재에 공망, 괴강, 백호살이 있으면 아버지가 단명하거나 흉사 또는 질병에 고생하시고 사업도 부진하다고 본다.

(3) 편재가 왕상하면 아버지 사업은 발전하나 백부, 삼촌이 못살고 정재가 왕상하면 그 반대로 볼 수 있다.

(4) 편재가 있고 관성이 많으면 설기가 심하게 되어 부친이 신체가 약하시고 사업도 부진하고 수명도 짧다고 본다.

(5) 편재에 역마살이 있으면 타향살이, 외국생활, 객지생활을 한다.
- 도화살이 있으면 풍류객, 주사, 작첩했다고 본다.
- 화개살이 있으면 불도에 돈독한 신앙심이 있다고 본다.

(6) 자기 사주에 편재가 부친이다. 원래 직업은 관성이 되는데 부친의 관성은 자기 사주에 비겁이 된다. 그러므로 부친의 직업을 알려면 자기의 오행을 보고 아는데 木이면 木星의 직업을 火는 火星의 직업을 土金水도 오행의 성질로 판단할 수 있다.

5) 모친의 판단법

인수는 모친(母親)성이다.

편인은 계모, 의모, 양모, 어머니 형제들이다.

자기 사주에 인수를 찾아 인수에 뿌리가 있든가 월지에 생왕을 받든가 길성이 있든가 합하여 길하게 되면 어머니가 현모양처요 훌륭한 분이다.

(1) 인수에 형충파해가 있으면 어머니를 일찍 여의거나 살아 계셔도 질병으로 고생하고 집안형편도 좋지 않다고 본다.

(2) 인수에 공망, 괴강, 백호살이 있으면 단명하거나 흉사 또는 질병에 고생하시고 집안형편도 원만하지 못한다고 본다.

(3) 인수에 비겁이 많으면 설기를 당하여 어머니의 신체가 약하고 기진맥진하여 단명할 수도 있다고 본다.

(4) 인수가 12운성 가운데 사, 묘, 절에 해당되면 어머니가 무력하거나 가정이 빈곤하였다고 본다.

(5) 자기 사주에 인수가 어머니인데 어머니 남편은 자기 사주에서 재성이 된다. 재성이 형충파해 되든지 공망이 되면 무기하여 아버지하고 사별하고 재가하는 수도 있다.

(6) 자기 사주에 재성이 어머니 남편인데 어머니의 식상은 자기 사주에 비겁이 되는데 비겁이 왕성하면 어머니는 자식을 많이 두어서 재가를 하지 못하고 홀로 자식하고 산다고 본다.

6) 처궁 판단법

정재는 처성이다.

편재는 첩, 애인, 여자친구, 아내의 형제들

자기 사주에서 정재를 찾아 정재에 뿌리가 있든지 월지에 생왕을 받든가 길성이 있든가 합하여 길하게 되면 처가 내조를 잘하고 훌륭한 학식과 현부, 양처로서 일가를 일으키는 데 크나큰 어머니의 역할을 한다.

(1) 정재에 형충파가 있으면 처와 일찍이 상처하거나 처에게 질병이 있거나 처와 관계가 원만하지 못한다.

(2) 전재에 공망, 괴강, 백호살이 있으면 처가 단명이나 흉사 또는 질병으로 고생하고 집안형편도 원만하지 못한다.

(3) 정재나 12운성에 사묘절이 되면 처의 힘이 무력하고 질병과 흉

액으로 고생하며 내조의 도움도 약하다.

(4) 자기 사주에 정재, 편재가 같이 있어서 어느 쪽으로 힘을 받으면 힘이 있는 편이 좌지우지하게 된다고 본다.

(5) 정재가 있고 관성이 많으면 많이 설기되므로 처의 신체가 약하고 질병이 떠나지 않고 기진맥진한다.

(6) 자기 사주에 재성이 처가 되는데 재성이 용신이 되든가 유기하면서 희신이 되면 처가 내조를 잘하고 처로 인해 가정이 화목하다고 본다.

(7) 자기 사주에 재성이 처가 되는데 재성이 기신이 되면 처를 보면 겁나고 악처를 만나고 처와 모친 사이가 불화하여 처를 미워하게 된다.

7) 형제 판단법

비겁은 형제성이다.

겁재는 남자에게는 여형제, 여자에게는 남형제가 된다.

자기 사주에서 비겁을 찾아 비겁에 뿌리가 있든지 월지에 생왕을 받든가 길성이 있든가 합하여 길하게 되면 형제간에 우애가 있고 형제간에 서로 도와주며 훌륭하게 된다.

(1) 비겁에 형충파해가 있으면 형제들과 일찍이 헤어지거나 형제가 있어도 덕이 없고 형제간에 우애도 없고 가난하다.

(2) 비겁에 공망, 괴강, 백호살이 있으면 형제가 질병, 단명, 흉사가 있고 집안형편도 원만하지 못하다.

(3) 비겁에 12운성 사묘절에 해당되면 형제가 무력하거나 질병과 흉사로 고생하고 가정도 빈곤해진다.

(4) 겁재가 왕상하면 형제가 잘살고 내가 못살며 비견이 왕성하면 내가 잘살고 형제가 못산다.

(5) 비겁이 있고 식상이 많이 있으면 설기가 많이 되므로 형제가 무력하거나 질병이 떠나지 않고 기진맥진한다.

8) 자녀의 판단법

남자의 자녀는 관성이다.

정관은 딸이고 편관은 아들로 본다.

자기 사주에 관성을 찾아 관성에 뿌리가 있고 월지에 생왕을 받든가 길성이 있든가 합하여 길하게 되면 자식이 순탄하고 훌륭하게 자라며 부모의 속을 썩이지 않는다.

(1) 관성에 형충파해가 있으면 자식을 일찍 여의거나 자식이 질병으로 고생하고 무력할 수도 있다.

(2) 관성이 공망, 괴강, 백호살에 해당하면 단명하거나 흉사하거나 질병으로 고생한다.

(3) 관성이 12운성 가운데 사묘절에 해당하면 무력하여 자식이 입신이나 출세하기가 어렵다.

(4) 자기 사주에 관성이 자녀성인데 관상이 무기하고 관성에서 재가 되는 비겁이 무기하거나 형충이나 공망이 되면 자손들이 가난하게 산다.

(5) 자기 사주에 관성이 자식인데 자기 사주에 식상은 자식에게는 관성이 되므로 그 관성이 유기하면 자식들의 관운이 좋고 공부를 잘하며 훌륭하게 자랄 수 있다.

(6) 자기 사주에 관성은 자식인데 관성이 유기하면서 비겁이 왕상하면 자식이 득처도 잘할 뿐만 아니라 부귀할 수 있다.

(7) 자기 사주에 관성이 자식인데 나의 재성이 자식에게는 인성이 되는지라 재성이 유기하면 의학이나 예술, 교육 직업을 하게 되고 또 나의 식상이 유기하면 관운이 좋은데 오행에 따라 오행이 金이면 금속 계통, 군인, 경찰, 차량 계통에 종사하게 된다. 다른 오행도 이와 같이 판단하면 적중률이 높다.

9) 여자의 육친 판단법

여성의 남편은 관성이다.

정관은 남편이다.

편관은 애인, 정부, 남편의 형제들이다.

여자 사주에 정관이 뿌리가 있든가 월지에 생왕을 받든가 길성이 있든가 합하여 길하게 되면 남편이 인품이 수려하고 사회적으로 덕망이 있으며 한 가정의 가장으로서 훌륭한 인물이 되어 일가를 이룰 수 있다.

(1) 정관에 형충파해가 있으면 남편과 일찍이 헤어지든가 상부가 빈번하며 남편에게 질병이 항상 떠나지 않으며 무슨 일을 하려고 해도 장애가 많이 생긴다.

(2) 정관이 공망, 괴강, 백호살에 해당되면 남편에게 조난, 불구, 단명, 횡사, 흉액이 떠나지 않고 질병으로 고생하며 남편이 허약하여 집안형편도 원만하지 못하다.

(3) 정관이 12운성에 사묘절에 해당되면 남편이 무력하거나 질병과 흉사로 힘들고 한 가정의 가장 노릇도 힘들게 된다.

(4) 자기 사주에 인수가 많이 있으면 정관이 설기되므로 남편의 신체가 약하고 기진맥진하여 질병이 떠나지 않는다.

(5) 자기 사주에 비겁이 많으면 비견은 시아버지가 되고 재성이 많으면 시집식구가 많고 고부지간도 원만하지 못한 결혼을 하게 된다.

(6) 자기 사주에 재성은 시어머니가 되는데 재성이 많으면 인수를 극하기 때문에 시어머니하고 불화하게 된다.

(7) 자기 사주에 관성이 남편이 되는데 관성이 많아서 기신이 되든지 정관이 무기하고 편관이 유기하면 자기 남편을 미워하고 남의 남자를 좋아하게 된다.

(8) 자기 사주에 비겁이 많아 신왕하든가 식상이 많아 관성을 극하든

가 인성이 많아서 관성을 설기하든가 재성이 많게 되면 시어머니 등살에 남편까지 미워하게 된다.

(9) 자기 사주에 관성이 남편인데 관성이 지살과 동주하면 남편이 외국에 자주 가거나 외항선이나 차량 직업에 종사함이 많을 것이다.

(10) 자기 사주에 상관이 아들인데 상관에서 처가 되는 것이 나에게 관성이 되는데 상관이 유기하고 편관이 유기하면 훌륭한 며느리를 보게 되며 자식의 사업도 잘되고 부귀복록을 누릴 수 있다고 본다.

10) 여성의 자식은 식상이다

여성의 아들은 상관이다.
여성의 딸은 식신이다.

여성 사주에 식상이 뿌리가 있든가 월지에 생왕하든가 길성이 있든지 합하여 길하게 되면 자녀가 몸이 튼튼하며 공부도 잘하고 성품도 온화하며 앞으로 훌륭하게 성공하며 사회적으로나 가정적으로나 크게 발전할 수 있다고 본다.

(1) 식성에 형충파해가 있으면 자녀와 일찍이 헤어지든가 아니면 자식에게 질병이 떠나지 않고 자녀가 건실하고 튼튼하게 성장해서 공부를 잘하고 또 사회적으로 출세하기가 어렵다고 본다.

(2) 식상이 공망, 괴강, 백호살에 해당되면 불구, 단명, 흉사 등이나 질병으로 고생하거나 수술까지도 있을 수 있다.

(3) 식상이 12운성 가운데 사, 묘, 절에 해당되면 자식이 무력하거나 질병으로 고생하고 집안형편도 원만하지 못하다.

(4) 식상이 재성이 많아 설기가 심하면 자녀의 신체가 허약하고 질병이 있고 쇠약한 몸으로 살아가게 된다.

(5) 아들이 왕상하면 아들은 잘살고 딸은 못살고 딸이 왕상하면 딸이 잘살고 아들은 어렵게 살아간다.

4 실제 논명 육친 판단법

1949년 1월 26일 巳時生							
		시		일		월	연
		己		甲		丙	己
		巳		申		寅	丑
대운							
67	57	47	37	27	17	7	
己	庚	辛	壬	癸	甲	乙	
未	申	酉	戌	亥	子	丑	

사주를 간명할 때에 우선 대운을 정한 다음에 신강, 신약을 구별한 다음 격국과 용신을 정하고 희·기를 구별한 다음 식·재·관·인을 살펴서 논명하여야 한다.

여기서는 한 단계 더 깊이 육친관계만 살펴보도록 한다.

(1) 조상궁: 연주에서 보게 되는데 연주에 정재의 길성이 있어서 길한데 巳申合水의 인성을 얻고 1월의 寅木에 뿌리를 튼튼히 내리고 木生火하고 火生土하여 연주의 己丑土 정재가 뿌리를 내려 조상 덕을 많이 본다고 볼 수 있다.

己丑土는 火土라 크게 높지도 않는 산지에 丙火 태양이 따뜻하게 비추고 나무가 많이 있고 巳申이 합이 되어 물이 되고 잔디도 잘 자라며 최적의 장소에 조상을 모셨다는 것을 추명할 수 있을 것이다.

(2) 조부궁: 사주에 조부궁을 보는 것은 편인이 조부님인데 편인을 찾아보니 일지 申中에 壬水가 편인이다. 할아버지는 寅巳申 삼형살에

해당되어 일찍이 본인이 어린 나이에 壬寅年에 寅申冲하여 교통사고로 돌아가셨다고 본다.

(3) **조모궁**: 조모님은 식상으로 보는데 이 사주에는 상관이 없고 식신이 있으니 식신으로 할머니를 볼 수 있다. 寅中丙火를 할머니로 보는데 寅은 건록이요 역마이므로 할머니는 항상 바쁘게 살아 왔으며 할머니의 남편은 申 중에 壬水가 남편인데 寅申 삼형하여 일찍이 교통사고로 사별했다고 보며 할머니 자신은 연주 己丑土가 할머니의 식상이 되어 자식으로 보는데 그 자식이 힘 있고 뿌리를 내려서 자식이 많이 있겠고 그 자식이 훌륭하게 된 것을 추명할 수 있을 것이다.

또한 힘이 있으며 甲木인데 寅이 뿌리를 내리고 튼튼하게 힘이 있으며 寅巳申 삼형살을 가지고 있어서 손자 중에 의사(외과의사)가 있겠고 또 다른 손자는 寅中 역마가 있어 항상 바쁘게 외국을 다닌다고 볼 수 있다.

할머니 재물은 申中庚金이 재물인데 寅申巳 삼형살과 충이되어 재물이 흩어져서 살림을 어렵고 힘들게 꾸려 나갔다고 볼 수 있다.

(4) **부친궁**: 부친은 편재로 보는데 명조에 편재는 없고 연주에 정재가 있어 정재를 부친으로 볼 때 己丑土가 뿌리를 내리고 丙火의 상생을 받고 甲己土가 되어 오래도록 살게 된다. 아버지의 처를 살펴볼 때 丑中癸水가 아버지의 처가 되는데 巳申합水를 이루고 운이 서북방으로 흐르고 있으니 오래 건강하게 살고 있다. 아버지의 자식성은 甲木이 관성이 되어 자식으로 보는데 甲木은 寅에 뿌리를 내리고 튼튼하며 자식의 직업을 볼 때 申中에 庚金이다. 이 庚金이 寅巳申으로 삼형살에 해당되며 자식의 직업은 외과의사로 본다. 그리고 형살은 의사, 경찰, 검찰, 법조계, 교도소, 군인 등에 많이 종사함을 볼 수 있다.

(5) 모친궁: 모친은 정인인데 丑中癸水가 모친이다.

　모친은 巳申이 合水가 되고 운이 서북방으로 흘러가고 있어서 수명과 건강이 좋을 수밖에 없다. 여기에서 모친의 남편은 연간 己土가 남편인데 丑中己土에 뿌리를 내려 수명과 건강이 좋고 남편의 직업은 甲木인데 甲木은 많은 골짜기의 큰 나무를 키우고 나무나 농장 농사를 직업으로 삼았다고 볼 수 있다.

(6) 형제궁: 형제는 비겁인데 이 사주는 겁재는 없고 비견이 있어서 비견으로 보고 겁재는 자매, 매형, 제매로 본다. 이 명조에 형제들은 寅中甲木에 뿌리를 내리고 있으나 寅申巳 삼형살이 되어 형제들 중에 반은 안 좋아 잃어버릴 수도 있다. (세 분을 잃어버림) 그런데 甲木은 甲己合土 재성에 합하여 남자형제들은 잘 풀려서 잘살고 여형제들은 남편이 형살이 되어 불길하다고 볼 수 있다.

(7) 처궁: 처궁은 정재성이고 첩은 편재성이다.

　己土인 정재만 있으니 甲己合土가 되어 유정하게 처만 사랑하고 있으며 己土가 丑中己土에 뿌리를 내리고 있어 처와 재물이 수억대를 가지고 살며 남편의 직업이 외과의사직에 있게 된다. 여기에서 좀 더 연구 공부하면 처의 직업, 처의 모든 것을 추명할 수 있을 것이다.

(8) 자손궁: 자손은 관성이다.

　이 명조에서 자식은 申中庚 金이 자식이라 巳申 합수가 되어 있고 대운이 서북방으로 흐르므로 자식도 길하게 되고 또한 손자는 식상인데 손자인 丙火가 寅中丙火로 뿌리를 내리며 손자도 튼튼하고 길하게 되는 형상이다. 또 그 자식의 직업은 丙火인데 그 직업의 종류는 火국이라 火見에 관계된 직업을 갖는다면 만대가 창설할 것을 의심하지 않을 수 없을 것이다.

(9) 직업궁: 이 명조의 지지에 寅巳申의 삼형살이 있는데 그중에 관성인 申中庚金이 직업인데 巳申합하고 寅과의 상충은 水로 변해 甲木에 인성으로 변하여 충이 없고 寅巳申 삼형살이 甲木을 돕는 인성으로 변해서 길성이 되었다고 본다. 그래서 외과의사가 되었고 寅巳申 삼형이 길성이 되면 경찰, 검찰, 의사, 법조계에서 크게 이름을 떨칠 수 있다. 또 지지에 삼합국을 이루어 화오행이 식상이 되면 기술직이나 예술업, 창작업, 교직 등에 종사하게 되고 삼합국의 오행이 재성이 되면 기술직이나 예술업, 창작업, 교사직 등에 종사하게 되고 삼합국의 오행이 재성이 되면 사업가, 재정공무원이나 재물이 많이 흐르는 쪽으로 직업을 갖는다. 지지에 삼합의 오행이 관성으로 되면 관직을 하게 되고 삼합하여 오행이 인성으로 되면 의사, 교사, 예술, 인쇄업, 출판업을 많이 보는데 주로 지지에 합국을 하든지 육합을 하게 되면 그 변한 오행에 따라 추명하면 될 것이다.

(10) 대운: 대운 보는 법은 대운이 교체할 때마다 변화하는 것을 정확히 판단해야 한다. 乙丑 대운이라면 乙이 5년이고 丑이 5년이며, 乙운이 올 때는 흙의 성분을 가지고 있고 丑운이 올 때는 흙으로 인한 운이 올 것이라 볼 수 있다.

육친으로 말할 때 乙木이 형제라면 형제의 일과 나무의 성분을 5년간 겪어야 한다. 또 乙木 운에 있다가 丑土 운으로 넘어갈 때는 반드시 변화가 오면 土운이 오면 나무로 하는 직업을 흙으로 변화가 될 수 있다고 본다. 그러나 寅卯木운, 巳午운, 申酉운, 亥子운은 20년으로 하여 운이 그대로 흘러갈 수 있으나 東국 寅卯木운에서 南국 巳午火운으로 변화될 때에는 역시 많은 변동이 있다고 추명해야 한다.

(11) 세운: 세운 보는법도 대운과 같이 육친과 오행에 의하여 변화되는 것이 어떻게 작용되는지 정확히 판단하여 추명해야 할 것이다.

13장

대자연 속의 사주학편

1 대자연 속의 음양오행

1) 자연 음양의 도표

구분		음(陰)	양(陽)
자연음양		음은 고요하고 무겁지만 탁하다.	양은 맑고 움직이지만 가볍다.
		음은 여성적이며 깊고 복잡하다.	양은 남성적이며 높고 넓다.
		음은 숨기려고 하면서도 드러낸다.	양은 드러내면서도 감추려 한다.
		음은 감성적이며 실천하면서 말한다.	양은 현실적이며 실천보다 말이 우선이다.
		음은 부끄러워하고 방어적이다.	양은 자랑하지만 공격적이다.
		음은 계산적이며 과거 안주형이다.	양은 형식적이며 미래지향적이다.

2) 자연 음양의 도표 해설

음양조화는 변화무쌍하지만 극도에 도달할 때는 대동소이하며 구별하기 어려울 때가 있어서 이해하기가 곤란하다. 하지만 학문적이 아닌 자연으로 본 음양은 좀 더 넓고 깊게 이해할 수 있다. 양은 하늘이고 음은 땅인데 음양은 실질적으로 기(氣)와 체(體)가 있어 양은 기(氣)며 음은 물질(物質)이다. 기는 정신이요 영은 육체인데, 기와 영이 합하여 우주를 움직일 수 있으므로 만물이 기에서 발생한 강약의 작용에 따라 왕쇠가 형성되는 것이다.

음과 양은 상대성에 의하여 이루어지며 상대가 없으면 음양의 구별이 불가능하다. 양에서 변화하는 과정은 음에서는 변화할 수 없고 하늘에서 변화하는 것이 땅에서 변화할 수 없는 것과 같이 음양이 변하는 과정은 같을 수 없는 것이다. 그렇기 때문에 만물이 형성됨이 양과 음의 구분 속에서 상대성 원리가 구성되므로 인하여 변화과정을 알 수 있다.

간단히 요약하면 합이 많은 사주는 부정을 저지르고 직업변동이 자주 있으며 사람이 늦게 발전하며 음양의 상극은 사상(死傷)과 살생, 파산과 이별, 질병과 형옥을 당해 액이 많이 발생한다고 본다. 음양의 조화는 모든 것이 균형 있게 움직이는 기세이지만 편중된 음양은 중심을 기울게 되어 여러 가지 부작용이 있기 때문이다.

3) 자연 오행의 도표

(1) 木	목은 양의 기운이 음으로 흐르면서 생긴다.
	목의 본성은 종족 번식이다.
	목의 성질은 꽃을 피우려는 기세이다.
	목은 음양으로 나눌 때 음목은 유실수고 양목은 무실수다.
(2) 火	화는 양의 기운이 양으로 흐르면서 생긴다.
	화는 본성이 밝고 화려하다.
	화의 성질은 위로 올라가려고 한다.
	화는 음양으로 나눌 때 음화는 빛이고 양화는 열이다.
(3) 土	토는 양에서 양으로 음에서 음으로 흐르면서 생긴다.
	토의 본성은 어떤 것이든지 받아들인다.
	토의 성질은 변화가 없다.
	토는 음양으로 구분할 때 양토는 지표 위 음표는 지표 아래(땅속)이다.
(4) 金	금은 음의 기운이 양으로 흐르면서 생긴다.
	금의 본성은 강함의 구별이다.
	금의 성질은 응축, 압축하려고 한다.
	금의 음양으로 구분할 때 양금은 자연석이고 음금은 가공석이다.
(5) 水	수는 음의 기운이 음으로 흐르면서 생긴다.
	수는 본성이 맑고 차다.
	수는 성질이 무조건 흘러가려고 한다.
	수는 음양으로 구분하면 양수는 깊고 탁하고 음수는 차고 맑다.

4) 자연 오행의 도표 해설

(1) 목(木)은 학문적이 아닌 자연적으로 본다면 살아서 생명을 가지고 있거나 움직이면 무엇이든지 목에 해당하며, 또한 종족 번식이 목적이다. 오행 중에 생명체는 오직 목(木)이라 칭한다. 그럼 '왜 목(木)을 지목하여 표현했을까?' 하는 의문이 든다. 이는 살아 있는 것 중에 나무가 가장 오래 살 수 있으므로 나무 목(木)이라고 칭한다.

(2) 열기나 빛이 있으면 무엇이든지 화(火)에 속한다. 화는 무조건 위로 올라가는 성질이 있으며 오행 중에 형체가 없는 것은 오직 화뿐이다. 즉, 기체로 된 것은 화이다. 만물 중에 왜 불이라고 하며 태양이라고 하는가? 이는 열과 빛이 가장 많이 나타내는 것은 태양을 불 화(火)로 정하여 표현하는 것이다.

(3) 모든 것을 받아들이는 것은 토(土)에 속한다. 토는 변화를 싫어하는 성질이 있으며 오행 중에 모든 것을 받아들여서 타의 의하여 변화가 가장 잘되는 것은 토이다. 우리가 토라고 하는 것은 모든 것을 땅에 의지하고 죽으면 역시 땅으로 돌아가며 자기를 희생하여 다들 이롭게 하므로 토로 정하여 표현하는 것이다.

(4) 무엇이든지 단단하거나 단단해지면 금(金)에 속한다. 금은 응축이나 압축하는 성질이 있으며 오행 중에 가장 단단하고 강한 오행이다.
    금을 왜 돌이나 쇠라고 하는가? 즉, 고체로 된 것은 금이다.
    절단하고 자르고 분리하는 것은 돌이나 쇠가 제일이므로 쇠 금을 금(金)으로 정하여 표현하는 것이다.

(5) 흐르는 것은 무엇이든지 수(水)에 속한다. 수는 낮은 곳으로 흐르는 성질이 있으며 자평(自平)을 유지하려는 성질이 있다.

수를 왜 물이라 하는가? 즉, 액체로 된 것을 '수'라고 한다. 물은 형체가 있으면서 필요에 의하여 스스로 변화하며 타에 의하여 형체가 변화도 될 수 있으므로 흐르는 것을 수(水)로 정하여 표현하는 것이다.

2 자연 속의 천간(天干)과 지지(地支)

1) 천간 도표

甲	자연에서 처음으로 싹이 트고 바르다.
乙	바르지 못하고 굽는다는 의미.
丙	큰 빛 덩어리(해)의 열을 의미.
丁	부엌 아궁이 속의 불씨를 모으는 작은 빛에 해당.
戊	창이라는 무기로 허공을 가른다는 뜻으로, 허공.
己	몸 기 자로 땅을 의미.
庚	변한다는 글자이며 형상화된 의미.
辛	압축된 광물로 변하여 오래 견딜 수 있는 의미.
壬	물이 북으로 돌아가는 데서 변한다는 의미.
癸	달이 차면 기울듯이 여자의 생리현상을 의미.

2) 천간 도표 해설

옛날에 점을 칠 때 무엇을 보고 점을 봤을까? 아마 거북의 등딱지라 생각해 본다.

그럼 갑(甲) 자는 갑옷 갑 자니 처음으로 설정하고 다음으로는 새의 발자국이고 태양과 별을 보며 태양과 별 점을 보며 그 다음은 땅 위에 문양을 새겨서 점도 치고 씨앗이나 엽전 등을 던져서 점을 보고 마지막에는 꼭 물을 올리고 향으로 주변의 공기를 정화하고 기도하는 것으로 이어진다고 생각할 수 있다.

그래서 맨 처음으로 싹이 트고 바르고 곧다는 의미에서 갑(甲)자가 되고 다음에는 바르지 못하고 휘어졌다는 의미에서 새 을(乙) 자이다. 그래서 갑(甲)과 을(乙)은 모든 것이 움직인다는 자연을 나타내는 의미이기도 한다. 다음은 남녘 병(丙) 자이다.

다음은 고무래 정(丁) 자인데 이는 옛날 부엌 아궁이 속의 불씨를 모으는 기구이므로 작은 열의 빛에 해당되어 병(丙)과 정(丁)은 열과 빛에 관련되어 있음을 말한다.

중앙에는 토(土)인데 무(戊) 자는 창이란 뜻으로 허공을 가르는 것이며 기(己)는 몸 기 자이다. 무(戊)는 허공이며 기(己)는 토와 깊은 연관이 있는 자연의 순리이다.

다음은 경(庚) 자인데 변하여 형상화된 글자이며 신(辛)은 매울 신으로 바늘로 찌른다는 독한 것으로 표현된 글자이며, 변하여 오래 견딜 수 있다는 것이다.

북방 임(壬) 자는 자주 변한다는 뜻이며 북방 계(癸) 자는 달이 차면 기울듯이 여자의 생리적인 현상을 나타낸 것이며 물이 북(北)으로 돌아간다고 하여서 천간을 자연의 이치대로 순서 있게 배열한 것으로 볼 수 있다.

여기에서 천간을 수리로 표현해 보면 처음 임(壬) 水 1에 미약한 정(丁) 火의 2의 따스한 기운이 전해지면 무엇인가 생겨나는 것을 갑(甲) 木 3이다.

갑(甲)木 3의 종자인 신(辛)金 4의 응축된 것을 무(戊)土 5의 땅에

파종하여 깨끗하고 부드러운 계(癸)水 6의 비가 내리므로 병(丙)火 7의 싹이 튼 것이다.

병(丙)火 7의 싹튼 것이 을(乙)木 8이며 을(乙)木 8은 종족 번식을 위하여 바람에 의해 빠르게 수정되고 씨앗으로 영글어진 것이 경(庚)金 9이다.

이를 거두어들여서 저장되는 것이 기(己)土의 10이다.

3) 지지의 도표

子	음	차고 맑고 깨끗한 물이다.
丑	음	땅 위나 땅속에도 얼어 있는 땅이다.
寅	양	생명으로 보는 나무지만 열매가 없는 나무이다.
卯	음	열매를 맺는 나무이다.
辰	양	물기가 있는 비옥한 땅이다.
巳	양	땅속에 있는 열을 뜻한다.
午	음	보이지 않는 빛이다.
未	음	아주 거칠고 메마른 땅이다.
申	양	크건 작건 자연석이다.
酉	음	세밀하게 연마한 가공석이다.
戌	양	열이 있는 건조한 땅이다.
亥	양	넓고 깊지만 탁한 물이다.

3 자연 속에서 보는 지장간(地藏干)

1) 지장간의 도표

구분	지지	지장간	자연 속에서 본 지장간의 의미
장생지	寅	戊丙甲	산과 들에는 많은 생명이 살아서 움직인다.
	申	戊壬庚	물속에 많은 생명체들이 활동한다.
	巳	戊庚丙	땅속의 열기로 많은 광물이 생산된다.
	亥	戊甲壬	생명을 가진 것들은 반드시 휴식기가 필요하다.
제왕지	子	壬癸	모든 물은 정화가 필요하므로 북쪽으로 돌아간다.
	午	丙己丁	뜨거운 열과 빛이 대지로 스며든다.
	卯	甲乙	강한 생명력으로 자라난다.
	酉	庚辛	종족 보존으로 단단하게 변해간다.
묘지	辰	乙癸戊	생명들이 살아가려면 물이 많이 필요하다.
	戌	辛丁戊	종족을 번식하려고 열매를 숙성시킨다.
	丑	癸辛己	물을 저온 장기 살균시켜야 한다.
	未	丁乙己	살아 있는 모든 것은 변화해서 진화한다.

2) 지장간의 도표 해설

지장간은 지지가 성립되는 이유이며 통변 시에는 물음에 답할 수 있는 암호이다. 자연으로 이해하면서 보다 뜻이 깊고 폭넓게 활용할 수 있다.

지장간을 풀어보면 모든 것은 땅에서 시작하여 땅으로 돌아가 마무리가 된다. 지장간이 없으면 무슨 뜻인지 왜 이렇게 되었는지 아니면 어떻게 해석하는지 알 수 없다. 지장간은 힘의 균형을 이야기하는 것이며 무엇이 언제부터 시작되는가를 알려주는 것이다.

또한, 지지는 장생과 제왕과 묘지로 나누어지며 기운은 여기, 중기, 정기로 구분되며 장생은 모든 것이 처음 시작되는 때이고 제왕은 본성이 왕성하므로 목적을 두지 않으며 묘지는 모든 것을 정리하고 끝날 때이다. 이것은 자연으로 보는 의미이다.

4 자연 속에서 보는 십신(十神)

1) 십신의 자연 도표

(1) 비겁(比劫)의 도표

	오행	비겁은 같은 생명을 가진 것으로 먹이사슬의 원칙에 따른다.
자연의 비겁	木	산천(山川)에서 자라나는 모든 생물들이다.
	火	열기와 빛을 가진 것은 뭐든지 화에 속한다.
	土	허공이나 땅덩어리 자체이다.
	金	단단하고 강한 것은 나무라도 금에 속한다.
	水	흐르든 고여 있든 맑고 고인 물, 바닷물은 수에 속한다.

(2) 식상(食傷)의 도표

	오행	식상은 어리고 시작하는 것과 생겨나는 것이다.
자연의 식상	木	새싹이 싹이 트고 자라는 것으로 본다.
	火	새벽에 태양이나 사막의 아지랑이로 보자.
	土	각종 산물의 쓰레기나 소각 후 재, 흔적으로 보자.
	金	지열로 토가 녹아서 생긴 광물, 땅속의 광물개발로 보자.
	水	땅속에서 솟는 물이나 하늘에서 내리는 비로 본다.

(3) 재성(財星)의 도표

	오행	모든 일의 결과이며 변화된 것이다.
자연의 재성	木	꽃 피고 수정되어서 열매로 익어가는 것이다.
	火	화려하거나 가공될 수 있는 열에너지이다.
	土	땅 위에서 이루어지는 모든 것이다.
	金	광물에서 제련되는 모든 것이다.
	水	수원지에서 가공된 음료수나 화공도 물이다.

(4) 관성(官星)의 도표

	오행	확실하게 구별이 가능한 것이다.
자연의 관성	木	모든 생물이 크고 튼튼하게 혼자 자라는 것과 약하여 서로 엉켜 사는 것
	火	밝고 어둠의 차이가 구분되는 것.
	土	습토, 건토, 동토, 온토로 확실하게 구분되는 것.
	金	강하거나 약하고, 크고 작은 구별이 차이가 되는 것.
	水	바다와 호수, 비나 안개 등으로 비교가 되는 것.

(5) 인성(印星)의 도표

	오행	자신 스스로 드러내지 않으며 변화되려고 노력하는 것이다.
자연의 인성	木	자기 발전을 위하여 노력하는 것.
	火	자신 스스로 개성을 알리는 것.
	土	마음 놓고 충분하게 잘 살아가는 공간.
	金	자연적인 질서이며 생존경쟁의 원칙에 따른 것.
	水	지혜로운 생각으로 모든 것의 촉진제 역할.

2) 십신 도표의 종합 해설

세상사 모든 것을 열 가지 언어로 줄인 것을 십신이라고 본다. 즉, 오행의 구분처럼 음양오행으로 열 가지로 구분되어 있다. 여기에 긍정적인 표현과 부정적인 표현이 포함되어 있다. 사주를 통변할 때 십신은 어떤 역할을 하는가에 대하여 생각하여 본다.

육신은 자기를 중심으로 이루어진 가족과 친인척, 타인관계를 뜻한다. 우선적으로 비겁에는 비견과 겁재가 있고 식상에는 식신과 상관이 있고 재성에는 편재와 정재가 있고 관성에는 편관과 정관이 있고 인성에는 편인과 정인이 있다.

이 십신을 가지고 인간사를 통변한다면 무척 노력하여야 가능할 것이다.

인간사는 언제, 어디서, 누가, 무엇을, 어떻게, 왜라는 육하원칙에 따른 이해와 상하의 수직관계와 수평관계를 십신으로 대변되고 세상사에 무게, 부피, 넓이, 시간과 공간, 허와 실, 낮과 밤, 강약, 남녀노소, 빈부, 직업, 특기, 재주 등 다양한 방면으로 통변을 하여야 하는데 이렇게 수많은 언어를 무슨 수로 다 알아서 통변할 수는 없을 것이다. 하지만 자연 순리대로 하면 의외로 간단하다. 십신을 자연으로 변환시켜버리면 쉽게 풀어질 수 있고 형상이나 글의 뜻으로 연상하면 된다고 본다. 다시 한 번 설명하면 비겁은 남녀노소를 불문하고 나와 같은 사람이다. 식상은 무조건 새롭게 생겨나는 모든 것이다. 재성은 무엇이든 한 번 생산되어 다른 것으로 변화된 것으로 보고 관성은 먹이사슬 원칙에 따라 계급사회이고 인성은 인간의 본성이 적용되어 인격을 유지하기 위한 것으로 풀어 보면 된다.

여기서 강조 사항은 비겁에는 관성의 기세로 가고 식상은 인성의 기운이 감돌고 재성은 재성으로 다시 가고 관성은 비겁의 기세가 있고 인성에는 식상에 기운이 있으니 십신을 자연에 접목시키면 아주 쉽게 통변할 수 있다.

그래서 사주학 공부는 학문적 지식도 필요하고 깨달음의 지혜도 필요하다고 본다.

5 자연으로 풀어서 해석하는 십신

1) 비겁의 도표

오행	비 견	겁 재	오행	비 견	겁 재
甲木	독립적 기세	지존심 강한 독선적	乙木	순종한 협동적	비협동적이다.
丙火	일방적이다	일방통행적이다.	丁火	비일방적이다.	비협조적이다.
戊土	움직이지 않는 기세	변화를 싫어하며 둔함.	己土	실천적이다.	이익이 있는 행동
庚金	실리보다 의리	의리보다도 실속	辛金	보편적이다.	비보편적이다
壬水	포용적이다	야심이 있는 포용력	癸水	비포용적이다.	계산적이다.

2) 비겁 도표 해설

(1) 비견 도표 해설

비견은 긍정적으로 표현한다. 비견은 같다고 생각하며 형제나 친구, 동료들과 나누어 가진다는 의미이다. 따라서 나눌 것이 없으면 각자의 능력에 따라 독립하려고 떠나야 한다. 긍정적이며 동업이나 협력관계도 되지만 비견이 많아서 부정적으로 보면 분리 이별이나 외로움, 고독으로 본다.

사주에 비견이 많으면 경쟁심이 강하여 시비와 투쟁이 많으며 고집이 세고 의지가 강하여 부모형제와 헤어져 자수성가를 이룬다. 남자가 비견이 많으면 배우자나 자식과의 인연이 약하다. 여자도 남자와 비슷하며 한 가정을 지키는 것이 힘들다. 비견은 자신과의 경쟁이 분명하고 공정하며 자기중심적으로 내가 하여야 하고 내가 관리하여야 된다. 의지가 강하고 활동적이며 경쟁심이 강하면서 자존심이 대단하다. 자기 마음에 들면 모든 것을 다 줄 것 같으며 싫으면 인정사정이 없다. 추진력이 강하여 선봉에 잘 나서며 분명하고 공정하여 친구가 많다.

사리사욕보다는 공개적 이익을 취하며 비견이 많으면 완고하며 지나치게 강한 성격과 고집으로 비사교적이다.

충(沖)과 극(克)이 있으면 대인관계가 원만하지 못하고 살성이 있으면 흉(凶)함이 많고 충과 극이 되는 세운에는 골육상쟁이나 재난이 따르며 합(合)이 있으면 서로 협조하여 우정이 두터우나 발전은 늦다.

비견은 지지(地支)에 있는 것이 좋으며 천간에 투출된 것은 고정관념이 강하고 경쟁과 갈등, 우정과 애정 등으로 그리움과 외롭고 고독하다.

(2) 겁재 도표 해설

겁재는 부정적으로 표현한다. 겁재는 이성이 다른 형제나 친구, 동료이며 비견과 비슷하지만 부정적인 면이 강하게 작용한다. 즉, 무례하고 교만하여 흉성이 많으며 불화와 이별 그리고 많은 고통이 따른다. 그러므로 화합이 안 되며 동업이나 평등하게 나눈다는 생각은 안 한다고 본다. 겁재는 오행은 같으나 음양이 다른 것으로 상당히 부정성이 강하며 양일생이 음을 만나면 겁재(劫財)또는 탈재(奪財)라고 하여 적극적으로 피탈을 당하고 강제성이 있으며 처와 재물이 쟁탈 당한다. 음일생이 양을 만나면 패재(敗財)라고 하는데 재물에 욕심을 내다가 손해를 보는 것이다.

겁재는 모든 것이 자기 위주로 진행하고자 하는 성격이 남몰래 작용하며 상당히 실속파라서 계산이 빠르고 손해 본다는 생각이 들면 즉각 중단한다. 강력한 경쟁이 있는 운동이나 오락에서 실력을 발휘하며 꼭 이기려고 하며 이익이 발생하면 실속을 챙긴다.

오락에서 실력을 발휘하면 꼭 이기려고 하며 이익이 발생하면 실속을 챙긴다.

대인관계가 원만한 것 같으면서도 속으로 상대를 무시하고 윗사람을 존경하지만 아랫사람에게는 명령적이며 양보가 없다.

겁재는 적게 주고 많이 받고자 한다. 비견처럼 똑같이 나눈 것이 아니고 자신이 많이 가지려는 욕심이 강하고 그로 인하여 많은 손해를 당한다고 본다.

> 겁재는 천간에 있는 것은 생각이고 말뿐이지만 흉하면 공갈협박이다. 지지에 있으면 공격성이라서 행동에 문제가 있다. 공간적으로 보면 산만하고 숨기려고 한다.

3) 식상의 도표

오행	식 신	상 관	오행	식 신	상 관
甲木	교육적인 이미지	기능, 예체능교육	乙木	강한 모성애가 우선	적응성이 강하다.
丙火	뛰어난 예술성	예술성의 자기자랑	丁火	강력한 스폰서	감각이 특별하다.
戊土	창작 또는 상담	자유로운 기교	己土	자신의 일이 우선적	주문 집필, 변화 위조
庚金	단체의 대변인	범법행위	辛金	합동 지도 체재	묘사적이다.
壬水	연구원	모방적이다.	癸水	단체에서 행동화	자신을 은닉한다.

4) 식상 도표 해설

(1) 식신 도표 해설

식신은 긍정적인 표현이다. 식신이란 내가 낳은 것이라고 하여 자기의 분신으로서 나의 힘을 가져간다. 일주가 강할 때와 약할 때의 차이가 심하다.

식신이란 생산이므로 의식주가 풍족하지만 사주에 많이 있으면 허약하고 천박하다. 또한, 다른 표현으로 배설에 해당하므로 베풀거나 나눔으로 긍정적으로 해석하면 희생과 봉사인데 여자사주에 식신이 많으면 육신이 봉사나 나눈다고 생각하여 보면 부정적으로 애교와 색정인데 문제가 많아서 좋은 배필은 아닌 것으로 본다.

식신이란 음식이나 요리이며 입으로도 보며 입으로 행하는 것은 식신이다. 연에 식신은 선대나 부모의 덕이 많다. 월에 있으면 건강하고 대단한 미식가이다. 또한, 마음이 너그럽고 언행이 바르다. 일주에 식신이 있으면 배우자의 체격이 좋으며 마음이 넓다. 시주식신은 자식덕이 있으며 노후가 편안하다고 본다. 식신은 편인을 싫어하며 만약 편인을 보면 빈곤하고 건강과 자식에게 불리하고 모든 것이 한순간에 무너질 수도 있다.

식신이 천간에 있으면 언어와 예의가 바르며 긍정적인 사고력으로 많은 연구와 인내력으로 많은 것을 개발하여 인류발전에 도움이 될 것이며 지지에 있으면 바른 실천력이나 육체적인 봉사이며 긍정적으로 행동하며 건강하다. 또한 언어가 바르고 총명하고 봉사나 서비스가 철저하고 솔선수범까지 한다. 식신은 천간에 있어도 좋고 지지에 있어도 좋다.

(2) 상관 도표 해설

　상관은 부정적인 표현이다. 총명하고 멋지게 보이며 얌전하고 도량이 넓은 것 같으나 상당히 이기적이며 자기주장과 과시욕, 허영심이 강하여 타인을 지배하려고 하며 재주가 많고 능력이 뛰어나서 임기응변과 사기성으로 상대방을 잘 기만하고 분리할 것 같으면 일시에 돌아서고 지배 받는 것을 싫어한다. 속이 좁아서 타인을 비평하며 계산과 눈치가 빨라서 희생하는 것 같으면서도 자기 몫과 이익을 챙긴다. 언제나 이기기를 바라며 비밀을 지키지 못하고 시비가 잦으며 반항적 기질과 베풀고 나서 꼭 생색을 내며 간혹 예의나 법을 무시한다.

　이별 뒤에는 오래된 것까지 들추어서 험담을 하고 눈빛이 강하고 복종심이 없으며 상대를 비꼬며 행동이 바르지 못하여서 직업변동이 심하다고 본다. 여자 상관격은 남자가 상당히 견디기 힘들며 화려하고 변덕이 심하여 다루기가 힘들다.

　상관은 정인을 싫어하며 만약 정인을 보면 얌전하고 때로는 도통하는 예도 있다.

　정인은 바른 언어, 상관은 핑계이며 눈속임인데 자식이 부모를 속여도 이를 바로 잡아주면 대성할 수도 있다고 본다.

> 천간에 상관이 있으면 구상력이 뛰어나서 애정소설이나 코믹성 작가 또는 흥미 위주의 문장에 능력이 있으며 뛰어난 문필가도 있다. 지지에 있으면 행위예술 쪽이나 연예계나 끼를 발산할 수 있는 곳에 적합하고 다른 면은 행동보다도 말이 우선이며 파괴적이면서 무질서하다.

5) 재성의 도표

오행	편재	정재	오행	편재	정재
甲木	교육, 체육 사업	교육, 인적자원 사업	乙木	출판, 생필품 생산	소규모 상업, 서점
丙火	신문, 방송 사업	문화, 예술사업	丁火	각종 서비스업	전기, 전자 상가업
戊土	부동산 개발업	부동산 임대 관리업	己土	농림 관계업	부동산소개업
庚金	유통업	금융 관리업	辛金	금융, 다단계업	금융 대부업
壬水	수산, 연구 개발	해양 항만관리업	癸水	변호사, 무역 중개업	법무사, 대서업

6) 재성의 도표 해설

(1) 편재 도표 해설

편재는 내가 극하는 것이기 때문에 내 마음대로 하려는 성질이 강하고 일방적이다. 일주가 강한 사람은 통솔력이 뛰어나서 많은 사람들을 거느리며 절도가 있고 사교성이 뛰어나 인기가 많다. 특히 여자들로부터 호평을 많이 받는다. 여성들은 편재가 있으면 외모가 여장부처럼 통이 크게 보이며 융통성과 통솔력이 좋아서 돈을 잘 벌고 잘 쓴다. 남성처럼 사업에 관심이 많으며 남편의 뒷바라지도 잘하지만 씀씀이가 많으므로 빚지고 사는 사람도 많으며 낭비벽이 있고 허세를 많이 부린다. 또한 재성이 많으면 시집살이가 고달프다고 한다.

일주가 약하면 도박과 주색 그리고 낭비가 심하며 남성은 여자를 좋아하여 망신당하는 사람이 많으며 패인의 길을 자초한다. 편재는 활동성이 있고 봉사정신이 투철하며 타인의 비위를 잘 맞추며 수단방법이 좋다.

일단은 큰손으로 무엇이든 쉽게 취하려고 하는 행동과 투기성이 강하여 한 번에 어떻게 하려다가 큰 실수를 하여 일생을 힘들고 고생스럽게 살아가는 사람도 많이 있다고 본다.

> 편재가 천간에 있으면 일확천금 투기성이 많으며 지지에 있으면 수완이 좋아서 많은 재물로 보며 이것을 보관하는 창고가 있으면 더욱 좋다.

(2) 정재 도표 해설

정재는 경제적이고 매사에 자신감이 있고 명랑하며 빈틈이 없다. 현실적으로 자기의 이익을 중요시 여기며 검소하다. 상당히 보수적이며 분수대로 행동하며 타인으로부터 신임을 얻어서 대인관계가 원만하여 건전한 생활의 표본처럼 보이나 때로는 이성관계로 가정에 부담을 주기도 하며 자신도 고통 받는다.

재성이 많고 주위로부터 힘을 받으면 재물에 어려움이 없고 자기 직업을 천직으로 알고 꾸준하게 노력하며 정확하고 꼼꼼하여 경제 관리에 능통하다.

때로는 재물욕이 많아서 인간미가 없거나 인격이 떨어지는 사람도 있다.

신약사주는 안으로 어려움이 많아서 재물에 인색하고 어려운 인생사가 될 것이다.

> 천간에 정재가 있으면 정밀 분야 또는 재산관리인, 금융감사 쪽으로 보며 지지에 있으면 행동적으로 일선에서 금융이나 정밀기계, 관리계통으로 할 것이다.

7) 관성의 도표

오행	편재	정재	오행	편재	정재
甲木	최고 권력자이다.	고위 공직자	乙木	참모진이다.	일반 공직자
丙火	인기 연예인이다.	문화, 예술장	丁火	야간업소 출연진	예술 활동인
戊土	넓은 악산이다.	국립공원이다.	己土	미개척지이다.	도립공원 정도
庚金	야당성이 강하다.	여당 정치인	辛金	음성적인 직업	긍정적인 관련단체
壬水	극과 극의 사이이다.	국가연구소	癸水	브로커이다.	이익단체기관

8) 관성의 도표 해설

(1) 편관의 도표 해설

편관은 일명 '칠살'이라고 한다. 철저한 명령계통으로서 계급으로 이루어진 곳이나 아니면 철저히 나 혼자 살아가면 연관이 없다. 사주 속에서 편관이 하나만 있으면 총명하고 영리하다고 본다. 영웅호걸의 기질로 급하고 진취적이며 의협심도 강하다.

또한 의리를 중요시 여기며 자존심이 강하고 야성적으로 생겼으며 귀족 타입이나 부모형제 덕이 별로 없고 고향과 인연이 없으며 친구가 별로 없다.

신약이면 의타심이 강하고 대담하고 난폭하여 문제를 일으키나 반성하는 마음보다는 반발과 적개심이 불타고 성격이 조급하여 시기질투와 시비로 관재수가 항상 따르고 몸에 흉터가 있으며 자식이 많다. 여자는 재가 팔자이며 구박 속에 살아간다. 결혼 후 병이 들며 소실이나 첩으로 또는 정부를 두기도 한다.
 사주가 강하면 권력가의 아내로 살지만 때로는 의사, 군인, 비구니도 많으며 때때로 신병으로 고생도 한다. 그러나 우두머리 기질이 있다고 본다.

> 천간에 편관이 있으면 자기 억제나 참을성으로 보며 또는 감투에 애착을 가진다. 지지에 있으면 극과 극의 관계가 성립된다. 행위도 극과 극으로 표현한다.

(2) 정관 도표 해설
 정관은 긍정적으로 표현한다. 정관은 준법정신이 뛰어나고 품행이 단정하며 예의가 바르고 착실하며 온화하다. 보수적이며 청렴결백하고 남의 눈치나 체면을 많이 본다. 좋은 가문의 출신이며 원만한 가정에서 착하게 자랐다. 행동이 바르고 인내심도 있고 규칙적인 생활이 습관화되어 있다. 누구에게나 인정받고 책임감이 강하여 판단력이 빨라서 윗사람으로부터 인정받아 승진이 빠르다. 명분을 중요시하며 한 방향으로 고지식하게 밀고 나가는 스타일이며 명랑 온후하다.
 신약일 때는 인격이 떨어지고 성취하고자 하는 것이 부족하다. 관살이 혼잡하며 비천하게 살아가며 색난에 패가망신이 있다. 여자 사주에 관살혼잡은 자기수행을 철저하게 하여야 한다. 항상 불안 초조하므로 사주에 정관이 짜임새가 좋으면 매너가 좋고 권위의식이 강하다.

> 특히 정관이 목성이면 인격과 덕망으로 보고, 화성이면 성급하며 불의에 대항으로 보며 토성이면 인품과 정직이나 믿음으로 보고 금성이면 의리나 실속으로 보고 수성이면 지혜나 공정으로 본다.

9) 인성의 도표

오행	편인	정인	오행	편인	정인
甲木	최고 전문 교육인	교육자, 책이나 교사	乙木	교육연구원	학습지, 보모
丙火	전문창작 예술인	그림이나 서예	丁火	미확인 정보이다.	사진이나 영상
戊土	무기명 채권	논문이나 소설	己土	주식 정보	번역이나 통역
庚金	작전문서	계약서, 활자	辛金	비공개 정치문서	문서나 인쇄
壬水	연구논문	판결문, 계획서	癸水	발표되지 못한 논문	연설문, 비밀문서

10) 인성 도표 해설

(1) 편인 도표 해설

편인은 부정적인 표현이다. 두뇌회전이 빠르며 임기응변이 대단하여 성격이 조금 급한 편이고 외모가 씩씩하고 군자같이 보이나 말과 행동이 일치하지 않으며 비상한 생각으로 시작은 잘하나 과정에서 나태하여 결과가 없다. 싫증을 잘 내고 태만한 성격이 있다. 식신을 극하기 때문에 수명이 짧고 복이 부족하다. 사주에 편인이 많으면 만사가 잘 안 되며 다양한 직업과 기술 그리고 기행을 잘한다. 고독에 익숙하여 깊은 정신수련이나 철학 쪽으로 잘 발달된다. 특이한 재능이나 취미가 있고 자기 멋대로 행동하며 자유업이나 전문적인 것에 소질이 있다.

편인은 행동적으로는 열심히 하는 것 같으나 싫증을 잘 내며 게으른 사람이 많다.

마무리가 힘들고 본인 스스로 참고 노력 여하에 따라 성패가 좌우된다. 전문적인 한 방향으로 연구나 공부 또는 수도를 하면 좋은 결과가 있으나 지속성이 없어서 힘이 든다.

> 천간에 편인이 있으면 언어가 뛰어나며 정신세계에 관심이 많아서 꿈의 세계에서 살아가는 경향이 있다. 지지에 있으면 매사에 싫증을 빨리 내므로 나태해지며 그로 인해 관리가 소홀해져서 간혹 병마에 시달리는 수가 있다.

(2) 정인 도표 해설

정인은 일명 '인수'라고도 한다. 그리고 긍정적으로 표현한다. 정인은 총명하고 지혜가 많다. 눈빛이 맑고 빛이 나며 점잖은 성품의 인격자이다. 건강하며 병이 없고 음식을 잘한다. 반면에 재물에 인색하여 이기적인 면이 강하며 수행이나 수양으로 자신을 잘 다스리면 재물에 여유가 있으며 또한 의리를 생각하게 되니 자연히 군자의 기풍으로 집착력을 버리고 사심 없이 마음이 여유로워 많은 사람이 따른다.

서정적이고 정서적이라 자기 위주의 사람도 있으며 이해심과 아량이 넓고 긍정적인 사고로 품위와 자존심, 명예를 중요시하며 깨끗한 환경을 좋아하고 앞에 나서는 것을 싫어하지만 지혜와 언어구사력이 뛰어나며 종교적인 경향이 있다.

정인은 행동이 어질고 보호정신이 강하며 실천하여 보여주는 식의 가르침이다. 또한 생각이 깊으며 교육자에 적합하며 언어가 차분하다.

정인을 어머니에 대조하여 분석해보자.

정인이 목성이면 어질고 교육자이다. 화성이면 팔방미인이며 자랑을 많이 한다.

토성이면 언어가 적으며 믿음이 강하고 알뜰하다. 금성이면 건강하며 강하고 도전적인 어머니이다. 수성이면 차분하고 논리적이며 자식을 위해 희생적이지만 건강이 안 좋다.

　인성은 모성애가 강하여 순수하고 진실하나 인성이 많으면 망상이 많고 게으르고 자식 인연과 남편 인연이 적다.

> 천간에 정인이 있으면 가르치고자 하는 생각과 보육적으로 바라본다. 지지에 있으면 어머니의 특성을 알게 모르게 드러내서 관리하려고 한다.

6 사주학 종류에 대한 통변

1) 통변 도표

당사주 통변	격국 · 용신의 통변	자연의 통변	신명의 통변
60갑자 납음오행	십정격국	음양오행을 대자연 속에서 순리대로 풀어가는 것	당산
심성론	외격국		천상
십이신살론	특수격국		상신
형제궁	잡격		불사
부부궁	조후용신		용궁
자식궁	통관용신		조상
직업궁	병약용신		글문
길흉론	신약용신		장군
가택론	신강용신		동자
수명궁	파격론		선녀

2) 통변 도표 해설

(1) **당사주 통변**: 우리나라 고유의 책으로 주로 무당, 박수가 사주학을 띠별로 나누어서 보는 책이다.

(2) **격국용신 통변**: 수백 가지 책으로 지어서 외국의 책을 편집하여서 정해진 원칙에 따라서 해석하여 통변하는 것이다.

(3) **자연의 통변**: 도사나 산속의 기인이 자연을 깨달아서 자연의 순리대로 사주학에 접목시켜서 풀어내는 통변이다.

(4) **신명통변**: 박수나 무당과 법사들이 신명을 터득하여 풀어내는 통변이다.

또한, 사주학 공부를 많이 하여 영이 맑게 되어서 사주만 놓고 신명 팔자를 풀어서 통변하는 것이다.

14장

신명으로 풀어보는 사주학

1 육십갑자의 신명 도표

甲 (성황당)	甲 (한양 대감)	甲 (대감)	甲 (대보살)	甲 (대법 천황)	甲 (산신장)
子 (수자령)	戌 (의술 예술)	申 (문무 대감)	午 (산신 제자)	辰 (한량)	寅 (신장)
乙 (묘지)	乙 (수살고)	乙 (대사)	乙 (백호 세존)	乙 (벼슬 대감)	乙 (약사줄)
丑 (조상)	亥 (용신 대감)	酉 (금강 신장)	未 (고장할 아버지)	巳 (외가줄)	卯 (조상)
丙 (문무 도인)	丙 (수자령)	丙 (조상)	丙 (만신)	丙 (벼락 신장)	丙 (제석 보살)
寅 (산신)	子 (대감)	戌 (설판 제석)	申 (신장 작두)	午 (칠성줄)	辰 (대신)
丁 (칠성)	丁 (할머니)	丁 (설판 제자)	丁 (수도승 조상)	丁 (천신 보살)	丁 (건립 신장)
卯 (약명)	丑 (산신제 석보살)	亥 (칠성전)	酉 (신침)	未 (대신)	巳 (선녀 법사)
戊 (산신)	戊 (산신장)	戊 (한량)	戊 (신장)	戊 (작두 장군)	戊 (대보살)
辰 (용신장)	寅 (천황 잡이)	子 (풍류가)	戌 (도법)	申 (대신 보살)	午 (대신 보살)
己 (터신)	己 (약명 도사)	己 (공동 표지)	己 (천문 공부)	己 (법당)	己 (세존)
巳 (글문 도인)	卯 (대감)	丑 (조상)	亥 (할아 버지)	酉 (문수 동자)	未 (건립 신장)
庚 (백마 장군)	庚 (글문 대감)	庚 (신장)	庚 (패장)	庚 (글공부)	庚 (영통)
午 (대감)	辰 (별상 대감)	寅 (대감)	子 (수자령)	戌 (글문)	申 (신장)
辛 (세존)	辛 (원혼)	辛 (의술)	辛 (신장)	辛 (외줄)	辛 (대사)
未 (도인)	巳 (보살)	卯 (약손)	丑 (글문)	亥 (외가)	酉 (금강 신장)
壬 (수도증)	壬 (성황 당산)	壬 (형제 일신)	壬 (용궁)	壬 (용궁 신장)	壬 (조상)
申 (도인 도사)	午 (용왕당)	辰 (대감)	寅 (제석)	子 (설녀)	戌 (천문성)
癸 (대사)	癸 (세존)	癸 (수행)	癸 (약명줄)	癸 (백호 형제)	癸 (수살고)
酉 (스님)	未 (신장)	巳 (할아 버지)	卯 (비법)	丑 (모진 대감)	亥 (하늘 역마)

* 육십갑자를 일주로 보고 몸주에 적용시켜서 풀어봅니다.
* 신명풀이는 일지 지정간을 십신에 대조하여 풀어봅니다.

2 육십갑자의 신명 도표 해설

1) 甲 : 각 고을마다 있는 당산나무에 정한수 올리고 기도한다.
   子 : (壬)편인 : 글문도인, 도사, 수장군
       (癸)정인 : 대감, 군웅

2) 甲 : 예술, 위술, 문장에 능하신 외가쪽의 한량대감.
   戌 : (辛)정관 : 의술, 문장대감
       (丁)상관 : 외가쪽, 기예, 득도자
       (戌)편재 : 의술업, 그림, 서예, 예술, 한량

3) 甲 : 문무겸전한대감, 또한 기예도 출중하다.
   申 : (戊)편재 : 예술, 기예, 한량
       (壬)편인 : 문, 말씀
       (庚)편관 : 문무겸전대감

4) 甲 : 각 고을 무당집에 오색천은 대나무에 건다(당주).
   午 : (丙)식신 : 대신보살, 제석불사, 동자동, 친가쪽
       (己)정재 : 설판제자 (甲己合土 · 정재 = 산신제자)
       (丁)상관 : 행동과 말이 거칠다.

5) 甲 : 백호대살, 부친신, 창부대신(앉은거리).
   辰 : (乙)겁재 : 형제일신조상, 신장
       (癸)인수 : 글문도사, 불사, 보살
       (戊)편재 : 부친, 조부(戊癸合火 상관 = 부적, 명창)

6) 甲 : 산신장, 형제일신 조상신.
   寅 : (戊)편재 : 창부, 대신, 한량조부신
       (丙)식신 : 대신보살, 장군동자
       (甲)비견 : 걸립, 신장, 형제일신

7) 乙 : 묘지가 습하고 냉하다. 조상이 병액으로 죽었다.
   丑 : (癸)편인 : 병환, 글문쪽
      (辛)편관 : 작두장군, 약명도사, 무장, 장수
      (己)편재 : 조부, 부친, 산신계

8) 乙 : 산공부, 형제일신, 수살고, 부적, 묵서
   亥 : (戊)정재 : 교육 문무대감
      (甲)겁재 : 선녀, 신장
      (壬)인수 : 용신, 글문, 대감

9) 乙 : 불교의 귀속하여 공부한 조상신
   酉 : (庚)정관 : 수행신도, 스님(乙庚合金, 금강법사, 대사)
      (辛)편관 : 수행자, 고통

10) 乙 : 백호대살, 할머니 세존(쌀, 실)
    未 : (丁)식신 : 칠성신계, 제석할머니, 동자(영특)
       (乙)비견 : 신장, 형제일신
       (己)편재 : 북고장 할배

11) 乙 : 외가쪽으로 벼슬대감.
    巳 : (戊)정재 : 업대감
       (庚)정관 : 문무대감(乙庚合金 편관 = 장군, 무장)
       (丙)상관 : 외가쪽, 사자(전사자)

12) 乙 : 약명도사, 약사, 약방계
    卯 : (甲)겁재 : 약초, 약연구, 약방
       (乙)비견 : 의술, 약제조, 약치료

13) 丙 : 친가쪽 조부, 문무도인, 산신장, 산신동자
    寅 : (戊)식신 : 친가대신조모, 동자
       (丙)비견 : 신장, 장군
       (甲)편인 : 도인(글문)

14) 丙 : 제석불사, 제석보살
　　辰 : (乙)인수 : 대신, 보살(글문)
　　　　(癸)정관 : 국사, 무용대감
　　　　(戊)식신 : 친가쪽, 제석, 대신(戊癸合火 대신보살)

15) 丙 : 수자령(애기)
　　子 : (壬) 편관 : 용신, 장군
　　　　(癸) 정관 : 대감(문무장애)

16) 丙 : 친가쪽 천상대보살
　　戌 : (辛)정재 : 조부(丙辛合水 정관 = 벼슬)
　　　　(丁)겁재 : 형제일신, 선장, 선녀
　　　　(戊)식신 : 조모, 제석

17) 丙 : 무당, 박수, 만신
　　申 : (戊)식신 : 친가쪽 조모님
　　　　(壬)편관 : 무관 조부님
　　　　(庚)편재 : 신장(작두, 벼락, 화엄)

18) 丙 : 벼락신장(강하다)
　　午 : (丙)비견 : 형제일신, 신장, 법사
　　　　(己)상관 : 외가쪽 조모님, 선녀, 외동자
　　　　(丁)겁재 : 선녀, 보살(월광)

19) 丁 : 칠성, 약명도사
　　卯 : (甲)정인 : 약초, 약명(공부)
　　　　(乙)편인 : 도인(천관, 약명)

20) 丁 : 집안에서 공들인 조모님, 보살(제석)
　　丑 : (癸)편관 : 조상신(丁癸冲) 힘들다
　　　　(辛)편재 : 재물업, 조상조부님
　　　　(己)식신 : 친가쪽 조모님, 산신, 제석

21) 丁 : 외가쪽 수령자, 조상신
    亥 : (戊)상관 · 외가쪽
        (甲)인수 : 당산
        (壬)정관 : 칠성, 용궁, 대감(丁壬合木인수 = 글문)
22) 丁 : 조상(법당에서 수도)
    酉 : (庚)정재 : 수도승
        (辛)편재 · 도, 침, 조부님
23) 丁 : 친가쪽 조모님(세존), 보살(천신)
    未 : (丁)비견 : 장군(천신, 월광)
        (乙)편인 : 약명도사, 세존
        (己)식신 : 친가쪽, 대신, 별상(동자)
24) 丁 : 외가쪽 형제일신 신장(걸립)
    巳 : (戊)상관 : 외가쪽 산(공부, 바람)
        (庚)정재 : 조부님, 업대감
        (丙)겁재 : 선비, 법사(걸립)
25) 戊 : 형제일신, 산공부, 산신장, 용신장
    辰 : (乙)정관 : 벼슬, 대감
        (癸)정재 : 업대감(戊癸合火 인수 = 대신, 보살, 학자)
        (戊)비견 : 신장
26) 戊 : 조상조부, 산신장 천황잡이(점사)
    寅 : (戊)비견 : 신장(걸립)
        (丙)편인 : 글문도사, 도인
        (甲)편관 : 조부, 선거리, 천황잡이
27) 戊 : 한량, 수살고, 조부님
    子 : (壬)편재 : 조부(음주 가무)
        (癸)정재 : 한량대감(戊癸合火 정인 = 한량)

28) 戊 : 외가쪽 형제일신, 신장(글문, 말문)
　　戊 : (辛)상관 · 외가쪽에서 도움, 도법, 침, 뜸
　　　　(丁)정인 : 도인(천문, 도술)
　　　　(戊)비견 : 신장, 퇴마(백호대살)

29) 戊 : 작두장군
　　申 : (戊)비견 : 형제일신(무장), 산신장
　　　　(壬)편재 : 한량조부님(춤), 천황잡이(점사)
　　　　(庚)식신 : 친가쪽 동자, 대신보살(산기도)

30) 戊 : 조모님(대보살)
　　午 : (丙)편인 : 글문, 제석, 대보살
　　　　(己)겁재 : 형제일신
　　　　(丁)정인 : 공줄, 대신보살, 글문

31) 己 : 외가쪽, 노중객사고(공부)
　　巳 : (戊)겁재 : 형제일신, 신장, 선녀
　　　　(庚)상관 : 외가쪽, 이모
　　　　(丙)인수 : 글문, 대감

32) 己 : 약명줄 조부님(의약)
　　卯 : (甲)정관 : 벼슬대감(甲己合土 비견 = 의술)
　　　　(乙)편관 : 대감(당상관), 의술선생

33) 己 : 습한 산소자리(공동묘지), 조상자리산소.
　　丑 : (癸)편재 : 한량할배
　　　　(辛)식신 : 조모님(별상제석)
　　　　(己)비견 : 형제일신, 신장

34) 己 : 향제일신(객사고), 천문
　　亥 : (戊)겁재 : 형제일신, 선녀
　　　　(甲)정관 : 대감(甲己合土 비견 = 신장, 국사(산신))

(壬)정재 : 조부

35) 己 : 법당(작은곳), 새로은 인생살이
　　酉 : (庚)상관 : 외가쪽 조모님(절)
　　　　(辛)식신 : 동자(문수), 보살(공양주), 법문

36) 己 : 형제일신(세존) 신장(걸립)
　　未 : (丁)편인 : 도인(글문), 칠성(침, 뜸, 약방)
　　　　(乙)편관 : 약명도사(약초, 약처방)
　　　　(己)비견 : 걸립신장(약초, 약탕기)

37) 庚 : 백마장군, 장수
　　午 : (丙)편관 : 문무겸전 조부님
　　　　(己)정인 : 글문, 말문
　　　　(丁)정관 : 대감, 국사

38) 庚 : 친가쪽, 외가족(기세 싸움), 조모님(건강악화)
　　子 : (壬)식신 : 친가쪽, 조모님, 수자령
　　　　(癸)상관 : 외가쪽, 이모, 처가

39) 庚 : 대사, 승려, 작두신장, 역마.
　　寅 : (戊)편인 : 글문, 말문
　　　　(丙)편관 : 무관할배
　　　　(甲)편재 : 대감(한량), 삿갓방랑객

40) 庚 : 외가쪽 조부님, 대감(별상, 글문)
　　辰 : (乙)정재 : 외가쪽 조부님(乙庚合金 비견 = 신장, 장군(별상)
　　　　(癸)상관 · 외가쪽, 이보형제, 별상(병)
　　　　(戊)편인 · 대감(별상), 약명(전문), 환자

41) 庚 : 형제일신, 별상(글공부)
　　戌 : (辛)겁재 : 형제일신조상
　　　　(丁)정관 : 대감(월광)

(戊)편인 : 글문, 말문(환자)

42) 庚 : 문무겸전조부님(영적)
    申 : (戊)편인 : 도인, 도사(글문, 말문), 제자
        (壬)식신 : 친가쪽, 장군, 동자(별상), 대신보살
        (庚)비견 : 신장(걸립), 천황잡이, 신장(별상)

43) 辛 : 세존도인(약명) 세필(단지) 신침, 뜸
    未 : (丁)편관 : 칠성전, 대신
        (乙)편재 : 대신(업), 약초, 약방
        (己)편인 : 도인(침술), 약탕기, 양처방

44) 辛 : 형제일신(산공부) 보살(법문공부)
    巳 : (戊)인성 : 산공부, 물공부(산신, 용궁)
        (庚)겁재 : 형제일신(설녀, 신장)
        (丙)정관 : 대신(丙辛合水식신=말문, 동자)

45) 辛 : 조상(약초, 의술)약명조부님
    卯 : (甲)정재 : 조부(약제)
        (乙)편재 : 주보(약초상) 약손, 침, 뜸

46) 辛 : 조모님, 신장(글공부)
    丑 : (癸)식신 : 친가쪽, 조모님, 제석, 불사
        (辛)비견 : 형제일신, 신장
        (己)편인 : 조부님, 글문, 말문

47) 辛 : 외가쪽 어머님 형제일신(음독, 투신자살)
    亥 : (戊)인수 : 훈장(서당) 선생(글)
        (甲)정재 : 업(재물) 조상(원, 한)
        (壬)상관 : 외가쪽(건강, 병환)

48) 辛 : 형제일신(출가, 스님)
    酉 : 庚(겁재) : 형제(법당, 출가, 스님)

辛(비견) : 조부(대사) 금강신장(의술신장)

49) 壬 : 수도자, 수살고(형제일신)
　　申 : (戊)편관 : 대감
　　　　(壬)비견 : 용궁(신장)
　　　　(庚)편인 : 친가조모님, 도인(글문)

50) 壬 : 용궁보살. 서오항당산보살(조모님)
　　午 : (丙)편재 : 조모님(한량, 업신)
　　　　(己)정관 : 조상신
　　　　(丁)정재 : 용왕당(당산조모님)(丁壬合木상관=득도)

51) 壬 : 외가쪽 형제일신(약, 병), 어머님 형제일신(장애)
　　辰 : (乙)상관 : 외가쪽, 이모
　　　　(癸)겁재 : 선녀, 신장
　　　　(戊)편관 : 대감, 조부

52) 壬 : 용궁, 천황잡이(물동이)
　　寅 : (戊)편관 : 용장군, 무관할배
　　　　(丙)편재 : 대신(한량) 폭주가
　　　　(甲)식신 : 친가쪽, 제석, 동자(바른말)

53) 壬 : 용궁신장(걸립)
　　子 : (壬)비견 : 걸립신장
　　　　(癸)겁재 : 용궁설녀

54) 壬 : 수도할배, 독성할배
　　戌 : (辛)인수 : 약명도인
　　　　(丁)정재 : 업대감, 법사, 약명(침, 뜸)
　　　　(戊)편관 : 독성(천문성)

55) 癸 : 조부님(절공부), 대사조부님
　　酉 : (庚)정인 : 스님, 수도승, 대감

(辛)편인 : 수행자, 글문도인, 대사

56) 癸 : 업세존, 검은단지
　　未 : (丁)편재 : 업신(주당) 유흥
　　　　(乙)식신 : 제석(식당) 조왕신(정한수)
　　　　(己)편관 : 신장(손님)

57) 癸 : 부친(글공부) 조상(윗대)
　　巳 : (戊)정관 : 제자(설판)(戊癸合火편재=법사(북고장)
　　　　(庚)인수 : 대감(글문)
　　　　(丙)정재 : 조부님, 할배

58) 癸 : 약명줄, 약초, 약방(발효)
　　卯 : (甲)상관 : 외가쪽, 의술, 명의(득도)
　　　　(乙)식신 : 친가쪽 비법전수 약탕, 조모님

59) 癸 : 백호대살, 형제일신(조상신)
　　丑 : (癸)비견 : 형제일신(한빙신장)
　　　　(辛)편인 : 의술신장(환자, 노약자)
　　　　(己)편관 : 대감(억압, 흉폭성)

60) 癸 : 외가쪽 형제일신, 어머니 형제일신(수살)
　　亥 : (戊)정관 : 정도대감(戊癸合火편재=탕제할배)
　　　　(甲)상관 : 외가쪽, 약술, 약제조, 득도
　　　　(壬)겁재 : 용궁설녀, 걸립, 천문성(하늘역마)

3 사주의 신명 비교 도표

1) 천간의 신명 도표

	오행	장소	신명 풀이
甲	양목	성황당	우레쭈레, 국성황당
乙	음목	동네의 나무들	당산나무, 각 지역 마을
丙	양화	일광	천상, 벼락, 관과천
丁	음화	월광	천상, 칠성
戊	양토	대산	산신, 지신, 조상신
己	음토	소산	마을터신, 묘터
庚	양금	하늘	백마도신장, 하늘신장
辛	음금	군웅	신장, 작두, 조상장군
壬	양수	용궁	제석천왕, 용궁신장
癸	음수	수군웅	수신, 수살고, 수군웅

2) 천간합의 신명 도표

천간합	오행	장소	신명 풀이	변화된 신명
甲己	土	당산나무 토담집	풍운신장 성황당, 甲-풍운신장	당산+산산=산신전환
乙庚	金	당고을	庚→부처, 제자 乙→당산	당산에서 불사로 전환
丙辛	水	천상, 부처	水(관) 천궁대사, 불사대신, 대사	일광과 불사가 제석전환
丁壬	木	천상제석, 북극성	丁→별, 壬→비, 북두칠성	월광과 용궁이 당산전환
戊癸	火	군웅굿, 참모	戊→노을, 癸→안개	산신과 수신이 일월광 전환

3) 지지육합의 신명 도표 및 삼합의 신명 도표

	지지육합 및 삼합의 신명 풀이			
지지	寅卯辰	巳午未	申酉戌	亥子丑
육합	亥戌酉	申未午	巳辰卯	寅丑子
변화된 오행	木火金	水火土	水金火	木土土
신명합의 풀이	당산, 천상, 불사	용궁, 천상, 산신	용궁, 불사, 천상	당산, 조상, 조상
지지삼합	寅午戌	巳酉丑	申子辰	亥卯未
변화된 신명	산신이 수도하여 천상	반보살이 불사	용왕이나 제석	바닷가의 당산, 성황당

4) 지지의 신명 도표

지지	띠별	신명 칭호	신명 내용
子	쥐띠	용궁장군	수장군, 수살고(강물), 자궁동자
丑	소띠	지하장군	묘지(조상계), 애기동자, 별상동자
寅	범띠	산신, 장군	산신(역마), 산신동자
卯	토끼띠	약명도사	손기술. 침술. 의술, 약명동자
辰	용띠	용장군	묘지, 산반물반용신, 용궁동자
巳	뱀띠	반보살	역마성
午	말띠	보살	선거리, 약보살(침), 박수, 법사, 주지, 명도동자
未	양띠	조상장군	묘, 세존(단지), 업단지
申	원숭이띠	작두장군	영통, 대사, 도사, 도통(무술신장)
酉	닭띠	불사, 장군	불도, 불사동자, 스님동자, 일반승려
戌	개띠	조상, 산신장	천문, 산신, 문수동자, 천문동자
亥	돼지띠	용장군, 용왕	바다용궁, 말문동자, 글문동자

5) 십신의 신명 도표

십신	비견	겁재	식신	상관	편재	정재	편관	정관	편인	정인
신명 내용	신장	장군, 장수, 선녀	친가, 동자, 할머니	외가, 선녀 외할머니	선거리	앉은 거리	문무겸장, 신장	대감	글문	훈장

4 신명 도표의 종합 요약 해설

 우선 사주를 추명하듯이 십신의 역할을 신명으로 택하여 추명하면 된다. 우선적으로 일주가 자신이며 가장 중요하다.
 연에서 월주로 합하여 일주로 이루어지는 풀이는 부모형제에 이어서 자신이 받는 인연으로 보고 연주에서 일주로 합이 되면 조상의 인연으로 자신이 받는 것이고 시주로 이어지면 자손에게 이어진다고 본다.
 연, 월, 일, 시의 어느 자리에서 나와 합이 되는가? 또는 지장간에서 합하는가를 보고 명조에 드러난 것이 제일 중요하고 일주에서 지장간에 감추어진 것과 합하는 것이 두 번째로 중요하고 지장간끼리 합하는 것이 세 번째이고 타주에서 지장간에 합하는 것은 명도로 보기가 어렵다.
 신약사주에 木, 火가 명조에 있으면 제일 좋고 그 다음은 명조에 火만 있으면 되고 다음은 신약사주에 진, 술, 축, 미가 좋고 단순 신약사주는 보고, 듣고, 느끼는 순으로 볼 수 있다.
 또한, 정신수련자는 의식이 맑아서 보기도 하고 영적으로 느낌을 받을 수도 있다.

　사주가 강하고 의식이 맑으면서 술(戌), 해(亥)의 천문이 있으면 영적 능력이 뛰어나다.

　목(木), 화(火)가 강한 사주는 신의 영역이라도 신이 두려워한다. 진술축미(辰戌丑未)가 식상이나 인성일 때 영적인 감이 강하고 조상의 인연으로 볼 수 있다.

　신약사주에 수기가 강하면 몸이 차갑기 때문에 음기인 神이 잘 매채 되지만 부리기는 어렵다고 본다. 요컨대 몸주 구별은 대략 이렇게 할 수 있다. 첫 번째는 일주일에서 화(火)가 투간되어야 한다. 차선으로는 일주후면에서 합하는 자가 火이면 좋다. 그다음으로 화(火)가 없으면 지장간에서 화(火)를 지목하고 일간과 일지의 장간의 합(合)이 우선적이다. 일간이 타 천간이나 지지에 화(火)가 있거나 합(合)하여 화(火)로 변한 것으로 할 수 있다. 그리고 일간과 타주의 합(合)이나 일지와 타지의 합(合)을 보고 마지막으로는 지장간끼리의 합(合)을 보는 것이다. 여기에서 추명할 때는 신명을 적용시켜서 통변하면 된다고 본다.(앞면 도표 참조)

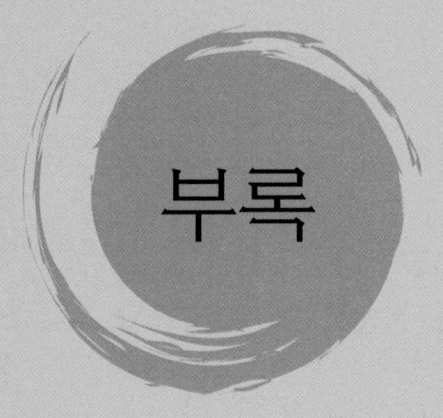

부록

四柱用語

● **가종격(假從格)**　 일간이 태약하고 약한 인비가 있어도 용신이 못 될 때는 가종격이라 한다. 예를 들면 戊己 일간이 寅卯월에 나서 간지에 木이 많으면 한 점 火가 있든지 약한 土가 있으면 용신이 못 되고 도리어 병이 되며 가종격이 되는데 병이 되는 오행을 충극하여 제거하든지 합거하는 운이면 길하고 다시 병이 되는 운을 만나면 불길하다. 가종격은 부모궁이나 조부모궁에 흠이 있다.

● **가화격(假化格)**　 일간이 태왕하고 한 점 합이 나타나든지 또는 일간이 태약하고 한 점 합이 나타나면 진화격이 되는데 예를 들면 甲일간이 寅卯월에 나서 지지로 寅卯 亥 등이요, 천간 水木등이요 시상에나 월상에 한 점 己土만 있으면 쟁합이요, 戊己 등이 있으면 투합으로 가화격이다. 화격은 火木의 생왕운을 기뻐하며 화신을 극하는 운은 꺼린다.

● **간여지동(干與支同)**　 천간과 지지가 같은 오행을 말한다. 예를 들면 甲寅, 戊戌 등으로 간지가 같은 오행이 된다는 뜻이다. 신왕에는 기신이고 처궁이 부족이요, 신약에는 희신이 된다.

● **건록(建祿)**　 월건록을 건록이라 한다. 예를 들면 甲일간이 寅월생이요 乙일간이 卯월생 등이니 일간이 왕기이다. 建祿生月에 財官喜透天이라 했으니 건록에 재관이 유력하면 부귀하다.

● **계수우로(癸水雨露)**　 癸水는 극히 약하여 우로와 같으며 오음 중에서 가장 약하다. 비록 수왕절이라도 庚辛申酉金 등을 기뻐하며 종세도 잘한다.

● **거관유살(去官留殺)/거살유관(去殺留官)**　 관살혼잡에 관성은 버리고 살성에 머문다. 예를 들면 甲일간에 庚辛관살이 혼잡인데 丙火가 있으면 辛金을 합거하여 거관유살이 되고 丁火가 있으면 庚金을 제령하여 거살유관이 된다.

● **견합반충(見合反冲)**　 충하는 곳에 합을 보면 도리어 충이 된다. 예를 들면 未月, 午日, 子時면 日, 時에 子午冲을 未가 午와 합하여 구충인데 연지가 亥 卯 등이면 未가 회합을 보고 육합은 버리니 子午가 다시 충이 된다.

● **관살혼잡(官殺混雜)**　 관성과 칠살이 혼잡하니 예를 들면 甲일간에 庚이 있으면 칠살인데 다시 辛이 있으면 관성이니 관살이 혼잡이다. 하나를 버려야 길하다.

● 관왕신약(官旺身弱)　관성은 왕성하고 일간은 약하다는 뜻이다. 예를 들면 화일간이 수왕절에 출생하면 관성은 왕이요 일간은 약하며 추절생은 金水가 왕한데 화일간은 자연히 약하다.

● 관인상생(官印相生)　관성이 인성을 서로 생한다. 예를 들면 金일간에 火는 관살이요 土는 인성이다. 인성이 약한데 관살이 인성을 생조하면 인성은 일주인 金을 생한다.

● 귀인재성(貴人財星)　재성이 천을귀인을 겸한다. 귀인재성이 생왕되면 처궁이 길하고 재정도 유력하다.

● 구추토왕(九秋土旺)　구추라 함은 구월추절이라 한다. 구월은 戌월에 토왕절이다.

● 극수제습(克水除濕)　水를 극제하여 습기를 제거한다. 예를 들면 水가 많아서 병이 되는데 土가 있으면 水를 극하여 습기를 제거한다.

● 금수청백(金水淸白)　金水 상관격에 土가 없으면 金과 水가 청백하다. 예를 들면 庚申時에 水로써 池秀하는데 토가 나타나지 않음을 말한다.

● 길신(吉神)　길신은 木일주에 金이 이로우면 金이 길신이고 기신은 木일주에 金이 해로우면 기신(忌神) 金이 기신이요, 火가 해로우면 火가 기신이 된다.

● 남방운(南方運)　巳午운은 남방운이고 未 또한 南方이다. 일 년 중에 6월이 가장 더우니 未가 비록 土라도 火가 더욱 강성하다.

● 남북문명(南北文明)　羊刃土殺은 여러 가지가 있으나 丙時가 午月生은 羊刃이요 壬辰時면 土殺로써 羊刃가살격인데 丙午는 남이요 壬은 北이니 南北文明으로 羊刃殺中에 최상으로 본다.

● 니고창기(尼姑娼妓)　女命이 신왕에 재관이 허약하고 식상이 많으면 正夫와 貴子가 없으니 하격이다. 니고라 함은 여승을 말함이요 창기는 화류여인을 뜻한다.

● 당령(當令)　령이란 월령인데 왕약은 월령을 기준한다. 예를 들면 甲日이 寅月이면 당령, 당왕이니 金水火土도 일반이다.

● 도기(盜氣)　　池氣를 도기라 하는데 왕한 者는 池氣를 하나 弱한 者가 池氣 되면 도기라 한다.

● 동장화세(同藏火勢)　　戌土는 火의 고장인데 時 以外에 火가 있어도 다 같이 화세로 고장이 된다. 金木水土도 다 같은 형상이다.

● 동방성국(東方成局)　　寅卯辰이 완비하면 동방성국이요 寅辰二字나 卯辰二字나 寅卯二字는 동방소속(東方所屬)이라 한다.

● 동한금수(冬寒金水)　　冬月은 寒節인데 金水가 많으면 病이 되니 차가운 金水가 强火나 厚土를 만나면 吉하고 火土가 없으면 성공이 적다.

● 모외유모(母外有母)　　正印과 偏印이 많으면 어머니 이외에 또 어머니가 있다. 偏印은 효신이니 不仁鳥요 不孝鳥인 까닭이다.

● 벽갑인정(壁甲引丁)　　甲木이 庚金을 만나면 木을 斤代하여 丁火를 引生하니 甲庚은 良友 벽갑생화(壁甲生火)라 한다. 壁甲生火도 같은 뜻이다.

● 병임(竝臨)　　예로 金水가 같이 온다. 또는 木火가 같이 온다는 뜻이다.

● 병장(竝藏)　　예로 火王成에 고장이요, 土王成에 고장이 된다는 뜻이다. 또는 용신이 지지에 고장이요, 日主도 월건에 고장도 같은 竝藏이다.

● 병령(秉令)　　令이라 함은 월령을 말함이요, 秉이라 함은 권한을 잡고 있다는 뜻이다. 예로 甲木이 寅이 秉令이요, 乙木이 卯가 秉令이다.

● 병중약경(病重藥輕)　　예로 土가 태왕한데 水旺라면 土가 病重이요, 木이 있으면 藥이 된다. 만약 木이 약하면 病은 중하고 藥은 가볍다. 또는 土旺으로 病이 되는데 강목이 있고 목왕운을 만나면 중병 중에 중요한 藥을 만나니 크게 발복한다.

● 부유천창(富有千倉)　　재성의 고장이 상하지 않으면 부국의 천창을 가진다. 예로 水旺에 고장은 辰이요 辰生은 수고인데 신왕하여 재성이 용신으로 金水운을 만나면 거부가 된다는 뜻이다.

● 부중유귀(富中有貴)　　부로써 귀도한다. 예로 戊일주가 亥子월에 생하여 丙

火로써 조후하고 甲木으로 한습을 흡수하며 丙火를 생조하고 厚土를 통기하여 동남운이면 부귀 겸전한다.

● 분토(分土)　예로 土가 태왕한데 水로써 분토하여 왕토를 억제시킨다.

● 불구사심(佛口蛇心)　예로 용신이 不正하고 신약에 조력이 없으면 말로는 부처요, 마음은 뱀과 같이 간사하다는 뜻이다.

● 불충불발(不沖不發)　고장에 있는 지장간은 沖을 만나지 못하면 발복을 못한다. 예로 辰은 戌운을 만나야 길흉이 있고 丑은 未운을 만나야 利害가 분명해진다.

● 사고장(四庫藏)　辰戌丑未을 사고장이라 하며 고장의 원리는 辰은 水庫요 戌은 火土庫요 丑은 金庫요 未는 木庫라 한다.

● 사령(司令)　월령을 사령이라 한다. 월중에 권한은 월령이 행사하므로 사령이라 한다.

● 사생격(四生格)　사생격이라 함은 寅申巳亥가 年月日時金局이 되면서 일주가 월령에 통근되면 남명은 부귀가 있으나 여명은 불길함이 많다.

● 살왕신약(殺旺身弱)　관살은 강하고 己身은 약하니 인성이 생조하든지 겁비가 부조하면 화평해진다. 예로 甲乙日主가 庚申,辛酉 등이 많다는 뜻이다.

● 살중신경(殺重身經)　일주는 약하고 관살이 왕하면 해로운데 기술자 등으로 하격이나 인성이 생조하고 인비가 도우며 인비겁을 만나면 흠을 면한다.

● 살왕신왕(殺旺身旺)　칠살은 왕하고 일주도 왕하면 부귀격인데 인성도 길신이요 양인도 길신이요 식상도 길신이 된다.

● 살화위인(殺化爲印)　살성이 화하여 인성이 된다. 예로 甲申日主에 子辰 등을 만나면 申金칠살이 申子辰水局으로 化하니 살성이 화하여 인성으로 된다는 뜻이다.

● 삼형득용(三形得用)　寅巳申이 三形이요 丑戌未가 三形이니 身旺하고 三形으로 用神이 되면 권력고관이요 의사, 무관도 된다.

● 상관견관(傷官見官)　　상관이 관성을 보면 액난이 많다. 金水상관에는 관성이 길성이요 木火상관에도 관성이 필요하고 水木土상관에는 관성이 불길하다.

● 상관생재(傷官生財)　　상관이 재성을 상해주는 뜻인데 예로 土日主에 金이 傷官인데 다시 水가 있으면 傷官이 財星을 생한다.

● 상관상진(傷官傷盡)　　傷官格에는 여러 가지 해설이 있다. 진상관력은 예로 木日主가 하절에 출생하여 설기로 신약하니 인성으로 해열하고 약한 일원을 생조하면 길이요, 가상 관격은 예로 水日主가 名節에 木이 泄氣함을 가상관격이라 하니 상관운을 길하고 상관을 극하는 인성운은 大忌이다. 대체로 상관상진이라 함은 관성이 없음을 말한다. 그런데 木火상관과 金水상관은 관성을 필요로 한다.

● 상관제살격(傷官制殺格)　　칠살이 강성한데 상관으로써 제살함이니 예로 戊日柱에 木의 관살이 태왕한데 金이 傷官이 木을 제거 한다는 뜻이다.

● 상관용인격(傷官用印格)　　상관이 왕하고 신약하면 인성을 기뻐하는데 이것을 상관용인이라고 한다. 예로 하절 木이 火旺木泄한데 水가 生木함과 같다. 상관격에 신약하면 인성으로 용신이 된다.

● 생살지권(生殺之權)　　법관, 의사, 무관은 생살지권이요 殺生하는 직업도 생살은 일반이지만 격국은 탁하다.

● 생생불절(生生不絕)　　金木火水土가 상충이 없고 天支가 상생하면 이것을 유정이라 하여 생생불절이 된다.

● 설상가상(雪上假霜)　　寒凍中에 다시 冷濕을 만난다는 뜻이다.

● 성방성국(成方成局)　　성방이라 함은 寅卯辰은 동방이요 巳午未는 남방이요 申酉戌은 서방이요 亥子丑은 북방이라 성국은 亥卯未는 木局이요 申子辰은 水局이요 寅午戌은 火局이요 巳酉丑은 金局이다.

● 선빈후부(先貧後富)　　초년에는 가난하고 말년에 부자가 된다는 뜻이니 신왕재약에 식상운이나 재왕운을 만남이다.

● 소년명망(少年名望)　　원국의 청순하고 초 · 중년에 운로가 길하면 소년명망

이라고 한다.

● 수원불갈(水原不渴)　　예로 하절에 水가 고갈될 염려가 있는데 金이 生水하면 水原이 마르지 않는다는 뜻이다.

● 수목진상관(水木眞傷官)　　壬癸日元이 춘절에 출생하면 水木眞傷官이다. 진상관은 인성을 버거한다.

● 신고(辛苦)　　신고하여 고생이 된다는 뜻이다. 예로 王者가 관성이나 식상을 만나지 못하면 일생을 고생한다.

● 신약양인(身弱羊刃)　　신약에는 양인이 길신이니 비록 生下에 있어도 처궁에 해가 되지 않고 도리어 길신이다.

● 신약재다(身弱財多)　　身이라 함은 日主가 된다. 日主는 약하고 재성이 많다는 뜻이다. 예로 木日主에 土가 많음과 土日主에 水가 많은 것이다.

● 약신(藥神)　　예로 동절에 火를 만나면 하절에 水를 만나면 身弱에 印比를 만나면 身旺에 관성이나 식상을 만나면 약신이다.

● 양인칠살(羊刃七殺)　　양인은 甲의 卯요 丙戌의 午요 庚의 酉요 壬의 子이니 음간은 양인이 중하지 않다. 양인은 신왕으로 살성인데 七殺과 합이 되면 大吉見이 된다. 양인은 칠살을 좋아한다.

● 연월상충(年月相沖)　　연과월은 조상도 되고 부모형제궁이니 상충이면 부모형제의 덕이 없고 고향을 떠나야 성공한다.

● 오양지중병위최(五陽之中丙爲最)　　甲丙戊庚壬 등을 五陽干이라 하는데 그 中에도 丙火는 가장 강하다.

● 오음중계최약(五陰中癸最弱)　　오음은 乙丁己辛癸인데 그중에 癸水가 가장 약하다. 潤物하기는 壬水보다 낫고 뿌리가 약하면 從을 잘한다.

● 은성(恩星)　　효신이 식신을 극하는데 겁비가 은성이니 통관되는 까닭이다. 예로 甲日丙時면 丙火가 식신이요 壬水가 효신인데 다시 甲비가 있으면 劫比가 은성이 된다.

● 일록귀시   예로 甲日寅時와 丙日巳時와 己日午時 등이니 신약 중이라도 신약이 안 된다. 그런데 충파를 크게 꺼린다.

● 일시도화   도화살이 일시에 있음을 꺼리니 주색에 害를 본다. 그러나 도화살이 용신이면 해가 적다.

● 일시상충(日時相沖)   日柱과 時가 相沖이면 남녀는 물론이고 가정에 파살이요 자손도 늦어진다. 월린회국이면 구충된다.

● 일신일용(一神一用)   예로 관성이 셋이요 겁비가 셋이면 일대일로 대항하니 이것이 一神 一用이라 하는데 인성운을 만나면 발복한다.

● 자신입묘(自身入墓)   旺한 日主가 고장을 만나면 入墓로 不吉이요 弱한 日主가 三合으로 고장을 만나면 해가 안 된다. 그러나 자신이든지 용신이든지 왕자가 입묘운을 만나면 큰 해가 된다.

● 자오상충(子午相沖)   子午相沖은 子와 午가 서로 만나면 상충이 되며 처자궁이 부족하다.

● 재다신약(財多神弱)   재성이 많아서 살성을 생하면 일원이 약해지니 구제방법은 인성이 있어야 연속상생으로 도리어 길하다.

● 재관인삼보(材官印三寶)   재성과 관성과 인성이 유력하면 삼보가 되니 서로 충돌이 없어야 한다. 예로 甲日主에 土는 재성이요 金은 관성이요 水는 인성이다.

● 재관투출(材官透出)   재성과 관성이 천간에 나타남을 말한다.

● 접속상생(接續相生)   예로 甲日主가 金에 克함을 받는데 水가 있으면 金이 生水하고 水가 生木하여 상극이 안 되고 접속으로 상생되니 이것을 흔히 통관이라고 한다.

● 중화(中和)   일주가 편왕과 편약이 없고 寒溫이 고르며 沖破가 없고 용신이 명확하여 기신이 난동치 않으면 중화라 한다.

● 착근(着根)   예로 木이 水多木浮 하는데 土가 있으면 착근이요 金이 화왕절

에 습토가 있으면 着根이다.

- 천한지동(天寒地凍) 하늘이 한랭하고 땅이 동결한다. 예로 亥子丑月은 寒節이니 水가 왕성하면 만물이 얼어붙는다는 뜻이다.

- 천합지재(天合地財) 천간이 지지의 재성을 합함이니 예로 戊子日과 癸巳日이요 또는 甲日이 丑未日이니 丑未時의 天合地材가 된다. 신왕재합이면 나의 재물이다.

- 체용(體用) 예로 木日主가 旺金을 만났는데 火로써 제살한다면 체와 격은 금인 官殺이요 火로써 制殺하면 用이 되니 관살격에 식상이 用이 된다.

- 축귀(丑貴) 天乙貴人星을 말함이니 예로 甲日主가 丑時나 丑月이면 貴人 材星인데 신왕하고 재성이 용신이면 貴星의 효력이 있다.

- 효신 편인의 별명이다. 동방에 不仁한 새가 올 뱀이니 장성하면 母를 殺食한다는 뜻이다.

- 한신(閑神) 한신은 利도 없고 害도 없는 무용물이니 행운에는 吉神을 해롭게 하기도 하고 이롭게 하기도 한다. 예로 한신이 甲이라면 행운 己土를 合法하는데 己土가 길신이면 해가 되고 己土가 기신이면 利가 된다.

- 혼잡불청(混雜不淸) 관살이 혼잡됨을 말함이니 거관유살하든지 거살유관하면 도리어 청격이다. 예로 甲日主에 庚辛金이 천간에 있으면 이것이 관살혼잡인데 다시 丙丁 등이 있으면 관을 제거하든지 살을 제거하여 청격이 된다.

- 화고(火庫) 寅午戌은 戌이 火庫요 天干火도 戌이 庫藏이니 火을 저장하는 창고가 된다.

- 회합망충(會合忘沖) 三合과 六合으로 相沖을 잊어버린다. 예로 寅申이 日時에 相沖인데 월건이 亥면 寅亥六合으로 忘沖이요 午戌 등은 寅과 三合으로 忘沖이요 子辰 등은 申과 三合으로 忘沖이 된다.

- 희기유통(喜忌流通) 희신과 기신이 유통 상생한다. 書에 이르러 기신과 원신이 아울러 있으면 도리어 길하다 하였다.

● 희신(喜神)   용신과 같다. 예로 甲乙日主가 夏節熱地에 出生인데 水가 있으면 喜神이요 또는 寒冬에 火를 만나면 火가 喜神이 된다.

● 희화위기(喜化爲忌)   예로 庚辰日柱가 弱地에서 長土의 生함을 기뻐하는데 子가 있으면 子辰會局으로 水가 되어 泄氣로 생조하는 희신이 도리어 水의 泄氣로 기신이 된다.